AMA COMO JESUS

Alcanzando a otros con pasión y propósito

JUDAH SMITH
Autor del Bestseller JESÚS ES...

Editorial
DESAFÍO

Ama como Jesús por Judah Smith, ©2014. Todos los derechos de esta edición en español son reservados por Asociación Editorial Buena Semilla bajo su sello de Editorial Desafío.

Escrito originalmente en inglés bajo el título: "Love Like Jesus", © **Copyright 2013 by Judah Smith. Originally published in the U.S.A. by Regal Books, a división of Gospel Light Publications, Inc.** Ventura, CA 93006 U.S.A. Todos los derechos reservados.

A menos que se indique lo contrario, las citas bíblicas fueron tomadas de la Santa Biblia Nueva Versión Internacional © 1999 por la Sociedad Bíblica Internacional.

Prohibida la reproducción total o parcial digital, por internet, sistemas de impresión, fotocopias, audiovisuales, grabaciones o cualquier medio, menos citas breves, sin permiso por escrito del editor.

Traducción: Daniela Chaparro Meneses
Edición: Miguel Peñaloza

Publicado y Distribuido por Editorial Desafío
Cra. 28A No. 64A-34, Bogotá, Colombia
Tel. (571) 630 0100
E-mail: desafío@editorialbuenasemilla.com
www.editorialdesafío.com

Categoría: Inspiración
Producto No.: 600062
ISBN: 978-958-737-115-4

Impreso en Colombia
Printed in Colombia

TABLA DE CONTENIDO

Prefacio I 5

Prefacio II 7

Introducción 11

1. El de **tener compasión**
   por los demás 13

2. El desafío de **consagrarse**
   sin envanecerse 27

3. El desafío de **preocuparse**
   por lo que no es importante 35

4. El desafío de **tener confianza**
   frente al fracaso. 43

5. El desafío de **ser constante**
   en medio de la improductividad 55

6. El desafío de **competir**
   en un territorio inexplorado 63

7. El desafío de tener
   un corazón contrito 71

8. El desafío de que los
   mandamientos de Cristo
   determinen nuestras acciones 77

9. El desafío de pensar en
   toda la ciudad e influenciarla 83

10. El desafío de trabajar
    en **comunidad** 91

11. El desafío de **comprender**
    que Dios ama a los pecadores 103

12. El desafío de **ser valientes**
    frente al temor 109

13. El desafío de **comprometerse**
    aun en medio de una generación
    conformista 119

PREFACIO I

El mandamiento más grande que nos dio nuestro Señor es ir y hacer discípulos a todas las naciones (véase Mateo 28:19). En términos actuales lo llamaríamos "ganar almas". Este libro es un excelente recurso para todos, desde los recién convertidos hasta los que han sido cristianos por muchos años. Mediante él pueden acercarse al Padre de una manera práctica. Una cosa es leer la Palabra de Dios y otra completamente diferente es caminar en ella para satisfacer las necesidades de los que nos rodean.

Los sermones más grandiosos no se predican desde el púlpito sino desde nuestras propias vidas. Incluso el mundo sabe esto cuando lo ilustra con el dicho: *Los hechos valen más que mil palabras*. De pronto no fuimos llamados a ministrar en una iglesia, pero todos hemos sido llamados a ministrar a los que nos rodean. Judah Smith escribió este excelente libro que te invita a levantarte de tu silla y predicar afuera.

-Matthew Barnett
Pastor principal
"LA Dream Center"

PREFACIO II

Recientemente estaba dirigiendo un estudio bíblico que me tomó por sorpresa con algunas personas no religiosas que tenían más o menos veinte años de edad; esto significa que a mis treinta y cuatro yo era el más veterano. Esto no me daba mucha confianza, pero aparentemente mis años de experiencia los convencieron de que yo tenía todo resuelto en la vida: mi matrimonio, mi relación con Dios y mi gozo de ser cristiano. Así que me agarré de eso y me di cuenta de que con ese escenario necesitaría toda la ayuda posible de Dios.

Hubiera querido predicarles un discurso teológico perfecto para demostrarles los principios básicos de la fe cristiana. Pero no soy tan inteligente. En vez de eso les hablé del Evangelio de Juan 3:16 y simplemente les conté acerca del Señor Jesús. Les conté quién era Jesús, por qué vino al mundo a morir por nosotros y qué significaba eso para nuestro diario vivir. También les dije que Dios es bueno y que no está molesto con nosotros. Les dije que a veces la vida puede ser muy dura y que muchas veces hacemos cosas que no deberíamos, pero el Señor Jesús está de nuestro lado y nunca nos deja. También les prediqué sobre la esperanza.

Esa fue la explicación más elemental que se haya dado acerca del Evangelio, pero ellos nunca la habían escuchado y quedaron en *shock*. Cuando terminé de hablarles se me acercaban individualmente a decirme lo mucho que significaron esas palabras para sus vidas; y eso me abrió los ojos. Yo veía cómo el mismo Evangelio y el mismo Señor Jesús que se han predicado por miles de años hacía que estas personas vinieran a Jesús. Ni la lógica, ni los debates, ni las amenazas de juicio podrían haber logrado en un año lo que las buenas nuevas del amor de Jesús lograron en tan pocos minutos.

A veces pienso que damos el Evangelio por sentado. Lo hemos escuchado y experimentado, e incluso predicado tanto que ya no parece tan maravilloso. Pero después pasamos tiempo con gente real que tiene problemas reales, y entonces volvemos a esta simple verdad: Jesús es suficiente. Entre más pastoreo a las personas de la iglesia más me convenzo de que no hay nada como el amor de Jesús; esa es la conclusión del evangelismo. El enfoque de nuestra conversación y de nuestra prédica no es el infierno ni el auto-esfuerzo sino la persona del Señor Jesús. Cuando escribí este libro que estás leyendo yo era el pastor de jóvenes en *The City Church,* hace más de diez años. En ese tiempo me nombraron "buscador de almas", y debido a mi contexto

PREFACIO II

de ministerio muchas de las ilustraciones y de los comentarios estaban dirigidos a los jóvenes o a los pastores de jóvenes. Ahora soy el pastor principal de la misma iglesia; enfrento diferentes desafíos y responsabilidades más grandes, pero las verdades y los principios descritos aquí no han cambiado. Si algo ha cambiado es que mi convicción acerca de que Jesús es la respuesta a las necesidades se ha incrementado. Esta convicción se refleja en el nuevo título: Ama como Jesús lo hizo (*"Love like Jesus"*). He hecho algunas actualizaciones por razones de fluidez y consistencia, pero el contenido del libro se ha mantenido igual del que era hace diez años.

No hay mayor gozo o privilegio que presentarles la gracia de la salvación a las personas necesitadas. Gracias por compartir esa pasión.

-**Judah Smith,**
2013

INTRODUCCIÓN

Mi deseo es que mientras leas este libro, una pasión consumidora por las almas capture tu corazón. En estos días en los que muchos ven la vida humana como algo insignificante, mi propósito es que encuentres en tu corazón una nueva determinación para descubrir el significado de cada vida humana. Al preparar los mensajes y la parte escrita de este libro recordé una cita que resume la vida de William Booth y que también encapsula el mensaje de este libro:

Por más de treinta años el Ejército de Salvación y William Booth, en particular, fueron sometidos a algunas de las persecuciones más viles que los cristianos sufrieron en los tiempos modernos. Pero el general vivió para ver el día en el que honraran a su ejército alrededor del mundo. Su propio rey, Eduardo VII lo invitó al Palacio de Buckingham en 1904. Todas las persecuciones y las pruebas de las décadas previas le deben haber parecido insignificantes a Booth al escucharle decir al rey Eduardo: Está haciendo un buen trabajo, un gran trabajo, General Booth.

Cuando el rey le pidió a Booth que le firmara su álbum, el anciano (ahora de setenta y cinco años) se inclinó, tomó el bolígrafo y resumió su vida y obra (Lee Tan, Paul, 1979):

Su Majestad:

La ambición de algunos hombres es el arte,

La ambición de otros hombres es la fama,

La ambición de otros hombres es el oro,

Mi ambición son las almas de los hombres.

Lo que estás a punto de leer no es un recurso estratégico ni un discurso teológico sino simplemente el estudio de un pasaje de la Escritura que está cambiando mi vida. En los últimos meses se ha convertido en el tema de nuestro ministerio de jóvenes que se llama *"Generation Church"*, y creo que puede llenar mucho más el vaso de ganar almas en tu ministerio de jóvenes o en dondequiera que te desenvuelvas, como nos ha sucedido a nosotros. ¡Que nuestra ambición sean las almas de las personas!

EL DESAFÍO de tener compasión por los demás

¿Alguna vez te has hecho amigo de alguien o has hecho más de lo requerido para ayudar a alguien sólo con el fin de que te devuelva el favor? ¿Alguna vez te has hecho amigo de algún desconocido sólo por su dinero o por las conexiones que tiene? Nuestra motivación para amar a los demás debe ser mucho más profunda. Lucas 6:32-33 (Biblia Reina Valera, 1960) dice: *Porque si amáis a los que os aman, ¿qué mérito tenéis? Porque también los pecadores aman a los que los aman. Y si hacéis bien a los que os hacen bien, ¿qué mérito tenéis? Porque también los pecadores hacen lo mismo.*

¡Todo depende de la motivación! - Bueno, tal vez no todo, pero casi todo. Ahí es donde comienza el poder de alcanzar a los demás para Cristo. Nuestra cultura nos dice que debemos establecer metas y cumplirlas, pero nunca nos dice por qué. En el reino de Dios, Él nos pide que sepamos el por qué. A.W. Tozer afirmó lo siguiente:

> La prueba por la cual se debe juzgar finalmente toda conducta es la motivación. Así como el agua no puede subir más alto que su fuente, la cualidad moral de un acto nunca puede ser mayor que el motivo que lo inspira. (Iglesia Bíblica del Valle de Hebrón: La voz del Valle, 2013)

Finalmente, la motivación que tengamos para salvar y restaurar vidas humanas afecta el poder de permanencia de nuestra influencia. A Jesús lo motivaba un amor verdadero y genuino por cada individuo, y por eso sus actos eran extraordinarios para alcanzar a las personas y dejar un cambio duradero en ellas. Deberíamos dejar que Dios indagara acerca de la motivación que hay en nuestro corazón. ¿Estamos viendo más allá del pecado y amando al pecador? ¿Realmente estamos valorando a la persona sin importar si también nos ama? ¿Vamos a seguir amando a los demás aunque nunca cambien? Tomémonos un momento y pidámosle a Dios en voz baja que purifique las motivaciones de nuestro corazón.

Jesús es el mejor ejemplo

Jesús es el mejor ejemplo para vivir el "llamado de las personas". A través del ministerio de Cristo en la tierra hay una simple afirmación que podría resumir el dictado de Su corazón frente a las personas: La compasión era lo que lo motivaba. Al usar a Jesús como mi ejemplo he orado muchas veces para que yo ame más a los demás, sea capaz de dar mi vida por ellos y que mi motivación sean ellos. Pero ¿cómo suena eso? ¿Acaso yo sabía realmente lo que estaba pidiendo en oración?

Antes de llegar al meollo del asunto necesitamos responder al desafío de tener compasión por los demás. Primero necesitamos entender lo que significa la compasión. Segundo, debemos determinar cómo podemos lograr tener y sentir esa compasión. Sin compasión, nuestros esfuerzos para alcanzar a las demás personas comenzarán muy emotivos y apasionados pero apenas nos ocupemos de nuestras propias vidas esos esfuerzos habrán menguado, y ahí nos daremos cuenta del alto costo que implica involucrarse realmente en la vida de los demás.

Jesús es compasivo

En el capítulo 1 del Evangelio de Marcos encontramos una historia en la que Jesús demostró su compasión por nosotros. Jesús iba caminando y hablando con sus discípulos cuando un hombre que tenía lepra se arrodilló ante él y le rogó: *Si quieres, puedes limpiarme.* (Marcos 1: 40,

Biblia Reina Valera, 1960). Marcos transcribe la respuesta de Jesús en los versículos 41 y 42: *"Y Jesús, teniendo misericordia de él, extendió la mano y le tocó, y le dijo: Quiero, sé limpio. Y así que él hubo hablado, al instante la lepra se fue de aquél, y quedó limpio."*

Yo creo que Jesús usó esa oportunidad para instruir a sus discípulos y también a nosotros, mostrándonos cómo deberíamos actuar frente al desafío de ejercer misericordia y compasión por los demás.

Cuando leemos esta historia debemos reconocer lo que significaba ser leproso en los tiempos de Jesús. La lepra y las infecciones que esta causaba consumían la piel de su cuerpo hasta matar a la persona. Creo que esta es una imagen de los pecadores de hoy en día; el pecado es una enfermedad que pudre lentamente la vida de las personas hasta matarlas.

Una señorita de nuestro ministerio juvenil me envió hace poco su testimonio por correo, el cual ilustra el terrible efecto del pecado. Así como la lepra, el pecado estaba acabando con su vida pero Jesús no tuvo temor de extenderle la mano y rescatarla.

"Hace casi dos años perdí mi virginidad por causa de una violación. Entonces procedí a tener muchas relaciones sexuales y a tomar licor y a desbordarme con desórdenes alimenticios. Hubo muchas noches en las que me encerraba en mi habitación y me ponía a llorar y a rogarle a Dios que me liberara o que me matara. Detestaba mirar en lo que me estaba convirtiendo, pero no sabía cómo salir de esa situación. Luché por mucho tiempo y mi comportamiento terminó sacándome de mi casa. Recuerdo muy bien ese día; yo había ido a donde el médico y me había diagnosticado tres enfermedades de transmisión sexual, de las cuales una no tenía cura. Esa noche, después de trabajar, entré en mi carro; tenía una botella grande de vodka y mi plan era emborracharme y quitarme la vida. Pensaba que nunca nadie me amaría de verdad y que estaba totalmente sola y me sentía miserable. Además vivía fuera del auto. Empecé a llorar, y lo único que podía decir era '¡Jesús!', una y otra vez. Apenas comencé a decir su nombre escuché una voz que me dijo: Ve a la iglesia. Era un miércoles por la noche alrededor de las 8:45 p.m. y yo sabía que el grupo de jóvenes 'Generation Church' estaba a punto de terminar su reunión. Así que le propuse un trato a Dios; le dije que iba a ir, pero que si no tenía un encuentro con Él esa noche me iba a suicidar.

Fui a la iglesia y me senté en la sexta fila. La gente estaba adorando a Dios y orando en el altar, y yo sólo me quedé sentada llorando. El pastor Judah me debió haber visto porque vino hacia mí e impuso su mano sobre mi cabeza y empezó a orar por mí. Yo estaba un poco asustada porque pensaba que de pronto Dios le estaba contando todo lo que yo había hecho, y yo no quería que todas esas cosas malas que había hecho fueran expuestas públicamente. Me sentía avergonzada. ¡En ese momento sentí al Espíritu de Dios tan cerca que comencé a llorar más! Después de un rato el pastor se fue para orar por otra persona, y una de las líderes vino hacia mí y me preguntó cómo estaba. Me rendí y le conté todo, incluso lo del licor en mi carro y sobre mis planes de suicidarme. Literalmente, apenas terminé de hablar el pastor Judah habló por el micrófono y dijo: No sé por qué, pero por alguna razón sé que hay una persona aquí que está siendo oprimida de sobremanera y cree que su situación no tiene solución, por lo tanto, quiere suicidarse. Pero esta noche Dios quiere liberarla. Se dirigió a mí y me dijo: Ven hacia el altar y verás que Dios te va a liberar. Entonces la líder me acompañó hacia el altar.

Déjame decirte que algo se rompió esa noche y fui totalmente liberada. De hecho, quería vivir otra vez. Me hicieron parte de un grupo juvenil y conocí a mi líder esa noche. Mi líder oró por mí. Al final de la reunión se me acercó, me abrazó y me dijo que me quería, y por primera vez escuché a Dios hablándome directamente. Percibí cuando Él me dijo: ella te acaba de conocer y ya te quiere. Pero si yo hice tu alma y tu cuerpo, imagínate cuánto más te amo yo. Esa noche rompí todos los CDs de música mundana que tenía, le entregué al pastor Judah el alcohol que llevaba, y le entregué mi vida al Señor Jesús. Dios remató estos momentos sanándome de las enfermedades de transmisión sexual unos meses después.

Desde aquella noche nunca volví a ser la misma de antes; nunca he mirado atrás para devolverme, y aunque aún lucho algunas veces conmigo misma, veo la fidelidad de Dios en mi vida como nunca antes. Estoy tan conmovida que quisiera decirle: ¡Gracias!

Cuando leo la historia de esta joven me acuerdo una vez más de la compasión inmensurable de Dios y de la responsabilidad que tenemos de expresársela a nuestra generación actual. Estoy muy agradecido de que Jesús siga sanando. El tipo de compasión que Jesús nos demuestra no es sólo un sentimiento de pesar por nuestra condición sino que en verdad Él está de nuestro lado. Tanto en el caso del leproso como en el de esta joven hay tres ingredientes que componen la compasión: el acercarse, el tocar el corazón y el hablar.

Jesús se acercó

Así como Jesús se conmovió cuando tuvo compasión por el leproso, de la misma manera extendió su mano, es decir, se acercó a él. (Marcos 1:14, Biblia Reina Valera, 1960). El diccionario define "acercarse" como ponerse cerca o a una corta distancia (Diccionario de la Real Academia Española, 2014). Para poder sentir la misma compasión que sintió Jesús debemos estar dispuestos a acercarnos a los demás saliéndonos de nuestra zona de comodidad. Esto quiere decir que nos acerquemos mucho más allá de lo que solamente nos conviene, o nos cause comodidad o nos parezca rutinario. Podrá también significar que debemos darles a los que están en necesidad más que una muestra de simpatía; debemos acercarnos lo máximo posible. En la primera Carta de Pedro 1:22, Pedro usa la palabra "fervientemente" para describir la clase de amor que debemos tener los unos por los otros. "Fervientemente" también significaría, según la Real Academia Española, *"con celo ardiente hacia las cosas de piedad"* (RAE, 2014). El mensaje es claro: debemos acercarnos con fervor para alcanzar a los demás con el amor de Cristo.

Jesús tocó

Jesús extendió su mano y se acercó al leproso para tocarlo. Cuando Él lo hizo, sus discípulos debieron quedar atónitos porque nadie tocaba a los leprosos ya que esta enfermedad hacía a la persona sucia, ceremonialmente. El mismo leproso se debió alejar cuando Jesús lo tocó, pues él no lo esperaba. Lo más probable es que durante mucho tiempo nadie se le hubiera acercado al leproso. Jesús no tenía miedo de tocarlo porque quería responder a su necesidad.

Debemos seguir el ejemplo de nuestro Salvador y tocar la vida de los pecadores, lo cual requerirá escucharlos, ayudarlos en sus necesidades. O simplemente debemos hacernos amigos de una persona que siempre está sola en la escuela. Sí, si tocamos a las personas corremos el riesgo de que se alejen de nosotros y nos rechacen; pero si nunca tocamos la vida de los demás, nunca sabremos lo que significa sentir compasión por alguien y nunca experimentaremos la plenitud de ver una vida siendo transformada.

Mi perspectiva comenzó a cambiar cuando comencé a acercarme a mis compañeros de clase en la secundaria . Cuando cursaba el penúltimo año escolar empecé a buscar a los que siempre estaban solos para sentarme a almorzar con cada uno aparte. Un día, mientras caminaba por la cafetería, vi a un chico que inmediatamente consideré como uno de los perfectos candidatos para acompañarlo. Así que caminé hacia la mesa larga y vacía donde él estaba sentado y me presenté:

—Hola, me llamo Judah. ¿Cómo te llamas?

Él me miró sorprendido.

—Eh, me llamo Julius.

Ni siquiera le pregunté si me podía sentar con él para almorzar juntos; sólo lo hice. Supuse que estaba en el equipo de básquetbol de la escuela porque tenía puesto el uniforme.

— ¿Así que juegas básquetbol?, —le pregunté amistosamente.

Él todavía renuentemente me dijo:

—Eh, sí, ¿tú también?

— ¡Sí!

Eso fue todo lo que necesité para que nos hiciéramos amigos cercanos. Durante la temporada de básquetbol lo llevaba a los entrenamientos y también lo dejaba en la casa. Finalmente fue conmigo a la iglesia ¡y un día fue salvo! Creo que muchas veces no nos damos cuenta de lo sencillo que es acercarnos a los demás y tocar sus vidas.

Jesús habló

Después que Jesús tocó al leproso, habló con él. Tan sólo piensa en eso: Jesús lo amaba tanto que se tomó el tiempo necesario para hablar con él. Jesús también ama a la joven del testimonio que leímos; la ama tanto que le habló y le dijo que la amaba. Para transmitirles a los demás el amor de Jesús debemos estar dispuestos a ser la voz de Jesús y a hablarles la Palabra de Dios. Cuando hagamos eso vamos a experimentar completamente la compasión de Jesús fluyendo a través de nosotros.

Sólo sé compasivo

Uno de mis héroes en el ministerio de jóvenes es la pastora Jeanne Mayo. La primera vez que habló en una de nuestras conferencias juveniles me sorprendió por la manera como se detenía a abrazar a las personas y cómo hablaba con cada uno de los que hacían fila para hablar con ella. Ella les hablaba con una sinceridad que los hacía sentir especiales. Mientras yo la observaba, pensaba: *Desearía amar a los jóvenes así como ella lo hace.*

Hace unas pocas semanas estaba escuchando uno de sus mensajes y descubrí el secreto de su compasión genuina por los jóvenes. Ella dijo que en sus primeros días de ministerio no sentía que amara a las personas, pero que simplemente cuando empezó a ayudarles a los demás en sus necesidades, ese ministerio la cambió.

Muy frecuentemente nos sentamos a esperar que nuestras emociones nos motiven a alcanzar a las personas, pero cuando eso no sucede concluimos que de pronto Dios no nos está llamando para alcanzar a los demás porque no sentimos nada, y como resultado no hacemos nada. Te tengo un desafío: ¡empieza! En la medida en que te acerques a los demás, toques sus vidas y hables con ellos, tus sentimientos de amor por ellos vendrán. Personalmente me he desafiado a mí mismo como nunca antes para alcanzar a los demás.

Lo que voy a compartir contigo en los próximos capítulos es un estudio sencillo de algunos de los desafíos que Jesús y sus discípulos enfrentaron en el proceso de ser llamados para alcanzar a los demás. Lucas 5 describe cómo Jesús llamó a sus discípulos a ser pescadores de hombres. En este pasaje podemos ver varios principios que cambiarán la forma en que vemos nuestra influencia como cristianos. Y como he estudiado este pasaje y he caminado con esos principios, puedo decirte con honestidad que mi vida y mi amor por los demás han cambiado. Mi oración es porque tu vida y tu amor por otros también sea transformada.

Un momento para orar

Señor:

"Oro para que cambies mis motivaciones; dame un corazón puro hacia las personas. Enséñame acerca de tu compasión y ayúdame a conocer el precio de alcanzar a los demás. Conmuéveme más allá de sentir pesar por los demás y ayúdame a tocar a aquéllos por los que todavía no me preocupo. Muéstrame a los que más te necesitan y ayúdame a acercarme a ellos saliéndome de mi zona de comodidad. Cambia mi perspectiva y haz que ame a las personas con un corazón sincero. ¡Jesús, muéveme con tu compasión!

EL 2º DESAFÍO de consagrarse sin envanecerse

Mientras estaba cómodamente en la silla de cuero de mi escritorio, estudiando la Biblia, pensé en la predicación compuesta por siete partes que acababa de terminar de preparar acerca de la pureza. Me sentía muy bien porque conocía esa área. Estaba sentado allí sintiéndome como un hombre muy puro, y me puse a leer Lucas 5 que habla sobre el día en que los discípulos lavaban sus redes. Cuando terminé de leer el versículo 2, el Espíritu Santo me dijo directamente a su modo: "¿Cuántas veces has lavado tu red? En otras palabras, Dios me estaba preguntando: "¿Cuándo fue la última vez que te fuiste a pescar con tus redes sucias en vez de quedarte lavándolas una y otra vez?

¡Ay, Dios mío! El Espíritu Santo me recordó que así como uno lava la red para volver a pescar, también uno se purifica para predicar el evangelio.

Pero no me malinterpretes; no me refiero a que el éxito de la evangelización solamente dependa de nuestra "pureza". En la realidad, tanto nuestra limpieza delante de Dios, como nuestra capacidad de vivir con pureza, vienen de Dios. No es por nuestros propios esfuerzos. Eso significa que no podemos alardear de nuestra pureza ni mirar por debajo a los que pensamos que no son puros; pero tampoco significa que si pecamos dejaremos de ayudar a alguien más. El hecho de que Jesús nos ayude a acercarnos a los pecadores son buenas nuevas que no podemos desperdiciar. Nuestra pureza mezclada con amor y humildad puede ser una fuente poderosa de esperanza para los que están atrapados en el pecado.

Ser seguidores de tiempo completo

Jesús utilizó esta historia para enseñarles a sus discípulos acerca de pescar hombres. En el momento en que Jesús tuvo ese encuentro con Pedro, Santiago y Juan, ellos seguían a Jesús de medio tiempo. Muchos teólogos concuerdan con que esa explicación de pescar, relatada en Lucas 5, era el tercer llamado para que discipularan. El primer llamado fue en Juan 1 y el segundo en Mateo 4. Entonces podemos darnos cuenta de que Jesús ya los había entrenado y les había hablado acerca de Su pasión y de Su mandato de evangelizar a las personas. El discipulado está en su máxima expresión cuando se alcanza y se ama a las personas. En Lucas 5 podemos ver que algunos de los discípulos a los que les encantaba escuchar las enseñanzas de Jesús y sus milagros aún no habían renunciado a todo para seguirlo de tiempo completo. Pero eso estaba por cambiar.

Jesús estaba predicando en la bahía del lago de Genesaret y sus palabras eran tan poderosas que las personas se amontonaban y lo empujaban. Por eso decidió montarse en un bote y enseñar desde el lago. Jesús buscó a Pedro que estaba lavando las redes y le pidió que volviera a llevar el bote al agua con él a bordo para que pudiera predicar. Cuando Jesús terminó de predicar le dijo a Pedro que fueran a pescar en altamar, y aunque Pedro ya había intentado pescar la noche anterior y no había pescado nada, obedeció a Jesús y fue con él. Tan pronto como Pedro lanzó la red, esta vez atrapó tantos peces que la red se comenzó a romper y le tuvo que pedir ayuda a los que con él estaban.

Pedro se debió haber dado cuenta de que Jesús era mucho más que un buen maestro porque inmediatamente se declaró pecador y llamó a Jesús "Señor". Luego Jesús llamó a Pedro, a Santiago y a Juan para que se volvieran pescadores de hombres, y le dijo a Pedro: *No temas; desde ahora serás pescador de hombres.* (Lucas 5:10b, Biblia Reina

Valera, 1960). Y sin necesidad de responderle esta pregunta, ellos aceptaron su llamado dejando su trabajo y sus botes a sus espaldas y siguieron a Jesús de tiempo completo.

Perder contacto con el mar

Como podemos ver al final del relato, su propósito no eran los peces; ¡son las personas! Cuando Jesús se fue a buscar a los pescadores, ellos estaban lavando sus redes; y como cosa de admirar, estos hombres no habían pescado nada después de haber trabajado toda la noche. Ahora estaban alistando nuevamente las redes para volver al mar donde una red podrida se podría romper y esto haría que pescar fuera imposible. Esto es lo mismo que puede suceder con nosotros. Si vamos a pescar necesitamos mantener limpias y puras nuestras redes. El problema es que es muy fácil conformarnos con tener la red limpia y así perder el contacto con el mar.

Lo que sucede es que cuando ya somos salvos, Dios nos saca de la cantera del pecado y la oscuridad y nos comienza a lavar con Su Palabra. Entonces nos sentimos tan cómodos que queremos compartir sólo con aquéllos a los que también Dios sacó de la cantera. La iglesia se convierte así en el club de "los sacados de la cantera" en donde todos nos sentamos cómodamente y hablamos de lo felices que estamos de no estar más en esa cantera.

Es fácil olvidarnos de que fuimos sacados de esa cantera para que ayudáramos a sacar también a los que aún están en esa terrible situación. Proverbios 18:1 nos dice con claridad por qué somos propensos a desviarnos: *El egoísta busca su propio bien; contra todo sano juicio se rebela."* (Nueva Versión Internacional, 2014). Cuando uno se concentra en sí mismo, se desvía. Nosotros nos ensimismamos porque nos agrada la comodidad que esto nos ofrece, y por eso es riesgoso y exigente ir más allá de nuestra zona de comodidad o hacer nuevas amistades. También por eso muchas personas eligen desviarse por el camino más fácil: el de centrarse en sí mismos.

Usemos nuestra red para lo que está destinada

Para muchos de nosotros, centrarnos en nosotros mismos significa sentarse en el sofá y acomodarse frente al computador sólo para echar un vistazo a lo que está sucediendo alrededor. Sin embargo, ese espíritu puede entrar en nosotros a hurtadillas y afectar nuestras amistades, nuestras actitudes y nuestros horarios diarios. Como pastor de jóvenes me empecé a dar cuenta de que si no me esforzaba por salir de la oficina para conocer más jóvenes y asistir a algunos eventos deportivos locales, terminaría solo y ensimismado. Desde que tomé esa decisión cambié mi itinerario; con frecuencia me pregunto a mí mismo: ¿*Estoy apenas lavando mi red y olvidándome de ir a pescar?* Cuando nos damos cuenta de que el lavar la red tiene un propósito, ¡entramos a otra dimensión del cristianismo!

Una de nuestras líderes de jóvenes descubrió hace poco que cuando vivimos ayudando a los demás encontramos plenitud. Cuando ella apenas estaba creciendo en la iglesia todos pensábamos que era tímida, pero hoy en día ella explica que lo era por inseguridad. Al trabajar con niños y adultos en la iglesia empezó a vencer su timidez y se dio cuenta de que con tanto trabajo para hacer y tantas personas a las cuales ministrar ni siquiera ya había lugar para la timidez. Eso fue genial, pero el Espíritu Santo quería hacer mucho más en su vida; ya se había acostumbrado a trabajar con el grupo de *"Generation Church"* ministrando a los salvos, pero ahora le tocaba alcanzar a los que no lo eran aún. Ahí empezó Dios a obrar en ella. Hasta ese momento a ella le encantaba ministrar a los cristianos pero sus inseguridades no la dejaban alcanzar a los que estaban en el mundo, y allí fue cuando hizo un gran descubrimiento. Una tarde estaba en un parque con los niños que cuidaba como niñera y se fijó en otra niñera sentada en una banca cerca de ella. El Espíritu Santo le dijo claramente que le hablara a esa chica y ella obedeció. El Espíritu Santo la ayudó a hablar y conversaron largo tiempo. Desde esa conversación esa otra chica ha ido dos veces a la iglesia y le ha encantado. Nuestra líder de jóvenes de *"Generation Church"* se dio cuenta de que fue salva con un propósito: ministrar a los demás. Además siente gozo al usar su red para el propósito destinado por Dios.

La razón por la que Dios nos aparta no es para que nos desviemos de Su propósito y nos ensimismemos sino para que logremos tener redes preparadas y limpias que puedan sacar a otros de las profundidades del pecado. Vamos a seguir en Lucas 5 para aprender a ser efectivos rescatando las almas perdidas.

Un momento para orar

Dios:

Perdóname por centrarme en mí mismo. Sigue purificando mi corazón para que pueda ser libre de los efectos destructivos del pecado. Te agradezco mucho por haberme rescatado de la cantera del pecado. Llévame a rescatar a los que no han encontrado esa libertad que tú me has dado. Dame un corazón compasivo para no olvidarme de los demás, y no permitas que mi pureza sea sólo algo religioso. Limpia mi vida para ser usado como un vaso en tus manos para alcanzar a otros.

EL 3 DESAFÍO
de preocuparse por lo que no nos parece tan importante

Al crecer en la iglesia escuché muchos mensajes y exhortaciones acerca de la evangelización. Generalmente, cuando escuchaba esos mensajes mi primera reacción era una sensación de agonía en la boca del estómago. *¡Ay, no!* —Me decía a mí mismo; *no he ganado a nadie de la escuela y no le evangelizado a todos los que conozco. De hecho, ya hace mucho tiempo se convirtió el último amigo al que le compartí el evangelio.*

En esos momentos una sensación abrumadora de condenación y desánimo trataba de acomodarse en mi corazón, pero yo trataba de justificarme a mí mismo: *Después de todo, con los billones de personas que hay en el mundo, ¿qué podré hacer? Ni que fuera Billy Graham, quien en sus reuniones vio a más de 1.6 millones de personas tomando la decisión de fe, por no hablar de los otros cientos de miles que lo escucharon predicar el Evangelio.*

Lo hago por esta

Si empezamos pensando como yo lo hacía, seremos vencidos incluso antes de comenzar. Este es un mundo con millones de personas que necesitan a Jesucristo, y si no empezamos con desánimo nunca cumpliremos con el mandato del Señor Jesús. Debemos responder ante el desafío de preocuparnos por los que no nos parecen tan importantes pues ningún individuo deja de ser importante para Dios. Necesitamos la perspectiva y la pasión de un pequeño que rescataba estrellitas de mar. Dice la historia que,...había una vez un hombre caminando por la playa cuando vio miles de estrellitas de mar en la orilla, lavadas por la marea. El hombre vio a un niño lanzando las estrellitas y devolviéndolas al mar, una por una; así que el hombre se acercó al niño que parecía muy determinado y le dijo: Niño, ¿no ves que hay miles de estrellas de mar? No podrás salvarlas todas; ¿por qué lo haces entonces? El niño se detuvo por un momento, miró la estrellita que estaba a punto de lanzar, y dijo: Sí; pero lo hago por esta.

Me siento muy agradecido porque mi mamá sabía lo que significaba quedarse en casa educando a sus dos hijos, y aunque tuvo muchas oportunidades para trabajar en el ministerio tomó la decisión de hacer de mi hermana y de mí su prioridad. Obviamente, no era muy conveniente para muchos que mi mamá pasara su tiempo enseñándonos, jugando con nosotros y llevándonos a la iglesia; pero sé que si le preguntaras te diría que esa fue la mejor decisión de su vida. Y de eso no se arrepiente.

Es importante lo que parece simple

Jesús opera en una forma diferente de la que el mundo lo hace. Según Jesús, para ir hacia arriba se debe empezar desde abajo. En verdad, es importante lo que no parece importante. Los buenos pastores están dispuestos a dejar sus noventa y nueve ovejas para ir tras un solo corderito. ¿Te parece algo loco? Así es como Dios obra. Para Él, un individuo siempre será importante.

Los pequeños actos de generosidad significan mucho para el que los recibe. La madre Teresa de Calcuta en su libro "Mi Legado" (Calcuta, Teresa, Mi Legado, 2005) lo dijo así:

> *Quizá sea sólo una sonrisa, una breve visita, o simplemente la acción de encender el fuego para alguien, escribir una carta para un ciego, llevar al necesitado un poco de carbón, conseguirle al descalzo un par de zapatos, leerle unas páginas al inválido... Sí,*

son todas cosas muy, muy pequeñas, pero que reflejan nuestro amor en acción.

Hace poco, una joven de nuestro ministerio de jóvenes de *"Generation Church"* recibió un acto de generosidad muy significativo:

Me mudé a Washington desde Arizona cuando estaba cursando el séptimo grado. Era tímida, nerviosa y me sentía incómoda. Me senté en la última fila de la iglesia. Al final del servicio me fui rápidamente, feliz de haberme escapado.

La semana siguiente me trataba de tranquilizar para estar lista para lo peor. Una chica que se me hacía conocida de bastante tiempo atrás se me acercó sonriendo. Antes de esa vez nos habíamos visto hacía mucho tiempo, y me sorprendió que se acordara de mi nombre. Hablamos y comenzó a incluirme en su círculo de amigos, y nos hicimos muy buenas amigas. Gracias a su disposición para conocer a nuevas personas y acordarse de mi nombre pude romper esa barrera del temor en mi vida, involucrarme más en la iglesia y conocer a más gente. Soy una prueba viviente de que una sonrisa y un saludo amistoso realmente pueden alentar la vida de una persona.

Actualmente esta joven tiene un *rol* activo en *"Generation Church"* porque está alcanzando a los demás y trayendo amigos de su escuela para el Señor. Sólo piensa en cuántas vidas pueden ser tocadas cuando te acercas y saludas a una persona que no conoces o que es nueva en el lugar que frecuentas.

Poco a poco

Pedro no habría aceptado el llamado de Jesús lanzándose de repente, si antes no se hubiera dispuesto a empezar poco a poco. Pero también dudo que Jesús le habría dado a Pedro esa pesca milagrosa si él se hubiera resistido al primer mandato de empezar de a poquito. La palabra "poco" que se usa aquí, se refiere a algo "reducido en cantidad y de corto grado" (RAE, 2014). Dios no empieza pidiéndonos evangelizar al estilo de "Billy Graham", ni que veamos 1.6 billones de personas siendo salvas con nuestro mensaje.

Dios comienza pidiéndonos que pongamos un poquito de esfuerzo y tiempo para tocar la vida de algunas personas; es así de simple. Yo puedo ser sólo Judah Smith, un estudiante amigable que se preocupa por los demás.

Todavía recuerdo el día en que mi vecino fue conmigo a la iglesia. Para ser honesto, ni siquiera estaba intentando ganarlo para Cristo; sólo estaba usando su aro de básquetbol porque el mío se había dañado con un vendaval. Yo jugaba en el equipo de básquetbol de la escuela preparatoria local, y él estaba en la secundaria, así que aproveché, usé su arco y nos pusimos a jugar. Nos estábamos divirtiendo cuando me di cuenta de que ya era hora de irme, y cuando me despedí de él, me preguntó: ¿Adónde vas? Y le respondí de inmediato: Voy a la iglesia. Ya le había hablado acerca de la iglesia pero las cosas habían seguido iguales, o tal parecía. Él me preguntó: ¿Puedo ir? Y le respondí: ¡Por supuesto que sí! Yo estaba abrumado, y aunque había orado por él varias veces me sorprendió que quisiera ir. No me daba cuenta de que tan sólo jugar basquetbol con él estaba haciendo una gran diferencia en su vida. Ahora quería ir a la iglesia. ¡Oh! Esa noche mi vecino pasó al frente del altar y le entregó su vida a Jesús.

Me temo que muchísimas veces hacemos las cosas al revés. Mi punto es que en el mundo cristiano está de moda hacer grandes eventos para alcanzar a las personas. Pero antes de hacer una reunión de ese tamaño para ver a todos los espectadores siendo salvos, ¿por qué no empiezas amando a un amigo?

Antes de intentar alimentar a todos los mendigos de tu ciudad, ¿por qué no empiezas a alimentar a uno? Antes de irte a África para abrir un orfanato lleva a tus vecinos, cuyos padres se acabaron de divorciar, a comer pizza. Si no empiezas de a poquito a tocar la vida de tus vecinos, ¿acaso estarás listo para un evento grande?

Un momento para orar

Señor:

> Ayúdame a ver el valor de lo que parece insignificante. Te pido que me guíes todos los días para que no pase por alto a nadie ni ignore las oportunidades de ministrarlos. Te doy gracias por las oportunidades diarias que me das para hacer las cosas simples con un amor extravagante. No me has sobrecargado con tantas cosas para hacer sino que me has pedido que sea fiel con lo que está frente a mí. Enséñame a demostrarle tu amor a mi familia, a mis amigos y a mis compañeros. Gracias por ayudarme a usar en mi vida cada oportunidad para tu gloria.

EL DESAFÍO 4 de **tener confianza** frente al fracaso

Me encantaba jugar básquetbol en el bachillerato, y algo que tenía de sobra era confianza en mí mismo. No obstante, en mi penúltimo año de escuela fue donde realmente se probó esa confianza. Parecía como que no dejara de cometer errores, y como resultado empecé a jugar con indecisión. Mis lanzamientos ya no eran tan buenos y mi juego en general era débil; además, ni siquiera me estaba divirtiendo. Pero aún escuchaba a mi padre gritar en las graderías: ¡Hijo! ¡Juega con seguridad! No fue fácil pero aprendí a dejar en el pasado mis errores y a seguir teniendo confianza en lo que hacía.

Cuando Jesús terminó de enseñarle a la multitud, en Lucas 4, se fue a enseñarles a los que iban a ser sus discípulos. Estos se habían ido a pescar y se habían demorado toda la noche sin lograr atrapar nada, pero aun así Jesús les había mandado regresar a altamar. Jesús les dijo: *echad vuestras redes*. (Lucas 5:4, Biblia Reina Valera, 1960) Esas palabras implican confianza porque nadie se va a altamar a echar su red sin cierto grado de confianza. Jesús estaba probando la confianza de sus discípulos.

Tal como luché con mi desconfianza jugando básquetbol, también muchos cristianos luchan por estar confiados para testificar. Así como yo llegué a dudar si era capaz de evangelizar, muchos de nosotros dudamos al acercarnos a la vida de alguien para compartirle acerca de las buenas nuevas de Jesucristo. Voy a mostrarte otra historia para ilustrar este punto.

Una caída libre **segura**

Estoy seguro de que muchos se han sentido obligados como yo a practicar caída libre en algún evento juvenil; en caso de que no, voy a explicarte.

Los miembros de un equipo, uno a la vez, deben escalar una columna de madera u otra base alta, cerrar los ojos y soltarse hacia atrás confiando en que sus compañeros de quipo los recibirán. Nunca olvidaré mi experiencia en un campamento. Nos dijeron que era una prueba de confianza, y de hecho nunca entendí exactamente cómo nos iba a enseñar a confiar. Pero ahora que estoy unos años lejos de esa experiencia tan alarmante puedo darte algunas lecciones acerca de eso. Cuando escalaba la columna, lo único que podía pensar era lo mucho que me dolería si alguno de mis amigos de la secundaria no me atrapaba. Me quedé ahí como por una eternidad preguntándoles una y otra vez: ¿Están seguros de que me van a atrapar? "¡Sí!", —me respondían al unísono.

Sólo cuando logré sentirme más confiado que temeroso me lancé hacia sus brazos.

El punto es que hasta que nos sintamos más confiados en Dios y en Su Palabra y menos temerosos de nuestro bienestar propio y nuestra reputación, no podremos lanzarnos hacia las vidas de las personas. La confianza es crítica a la hora de lanzarnos y necesitamos sentirnos tan seguros como los que están al mando de los trasbordadores espaciales cuando empiezan a soltar cada uno. Nuestra confianza en Dios determina la secuencia de lanzamiento de nuestra vida.

Los discípulos también tuvieron que escoger entre confiar o paralizarse por sus fallas del pasado. Jesús les dijo: *echad vuestras redes.* (Lucas 5:4, Biblia Reina Valera, 1960). ¿Acaso los discípulos iban a basar sus respuestas en sus resultados previos o iban a confiar en la palabra de Jesús? Este es el desafío de tener confianza frente al fracaso. Yo creo que esa era la forma en la que Jesús le decía a cada discípulo: Hijo, anda con confianza.

La **mejor vida** de todas

Hace pocas semanas una adolescente de 17 años compartió su testimonio en *"Generation Church"* o *"G.C."* Le tocó decidir entre lanzarse sin importar su fracaso o permitir que los resultados del pasado la estancaran. Espero que su historia te conmueva como a mí.

"Para mi familia, la iglesia siempre era más una obligación que un deseo profundo. A mis padres los educaron en un ambiente católico muy estricto; entonces la idea de meterle a uno cualquier tipo de religión a las malas no les llamaba la atención porque les enseñaron que uno podía creer en lo que quisiera. Cuando íbamos a la iglesia era durante las vacaciones o de vez en cuando si mi mamá quería ir. El día antes nos avisaba que iba a ir a la iglesia y que nos daba la oportunidad de ir con ella. Yo siempre iba con ella porque me gustaba vestirme elegante. Las pocas veces que íbamos al servicio del domingo, asistíamos cada vez a una iglesia diferente. No creo que hubiéramos ido dos veces a una misma iglesia, lo que me hacía pensar que

la iglesia era un lugar de paso en donde yo no conocía a nadie.

Mis padres me criaron para que creyera en lo que quisiera; ellos no sabían en qué creían y no querían enseñarme algo incorrecto. Y como al crecer no sabía la verdad de la Palabra de Dios, llegué a la conclusión de que con tal de ser una "buena persona" y hacer lo correcto (no matar a nadie ni irme a ningún extremo), tendría mi boleto al cielo. Siempre fui una buena niña y obtuve buenas calificaciones. Tenía una buena actitud frente a la vida y todo a mi alrededor era bastante normal. En segundo grado me adelantaron al grado siguiente y empecé a llevarme con chicos más grandes. En séptimo grado casi todos mis amigos ya estaban en la preparatoria, y durante el verano entre séptimo y octavo grado fumé marihuana por primera vez. Cuando entré a la preparatoria ¡me volví muy fiestera! Todos mis amigos y yo nos emborrachábamos y fumábamos marihuana, lo que ya era normal en mi escuela. Mis padres nunca se enteraron de que estaba haciendo esas cosas. Para mi penúltimo año de la escuela ya fumaba marihuana dos o tres veces a la semana y durante todo el fin de semana. Mis calificaciones eran buenas y no había matado a nadie, así que creía que todavía tenía el boleto para ir al cielo.

Al comienzo de mi último año escolar, dos de mis amigos más cercanos con los que generalmente festejaba, me invitaron a 'Generation Church'. De hecho estaba emocionada y principalmente quería ir porque me interesaba escuchar los mensajes. Me gustaba el hecho de que la iglesia cristiana fuera muy relajada y allí podías ser tú mismo. Y de hecho, ¡me sentí bienvenida!

Empecé a ir casi todas las noches, y el 19 de septiembre del 2001 pasé al frente del altar y ¡recibí a Jesucristo como mi Señor y Salvador! Inmediatamente me uní a uno de los grupos juveniles y empecé a aprender acerca de Dios, de la Biblia y de la necesidad de cambiar mi manera de vivir. Lento pero seguro, dejé las drogas y el alcohol, e intenté dejar de decir groserías. Estaba enamorada de Dios. En ese momento creo que me apresuré a participar en todo. Quería dedicarme a la iglesia tanto como mis amigos y no me di cuenta de la profundidad del compromiso que había hecho. Me encantaba 'G.C.' y quería compartirlo con muchísima gente; invitaba a todo el que se me ocurriera, y muy pronto 'G.C.' se convirtió en un evento social. Finalmente, dos amigos del colegio que sólo iban "a calentar silla" llegaron con nosotros los miércoles por la noche para pasarla bien. Yo estaba en el lugar correcto pero por las razones incorrectas, y empecé a perder de vista a Dios.

Para abril, en mi último año escolar, me alejé de Dios. No sólo me devolví a mis malos caminos sino que toqué fondo. Antes de aceptar a Cristo fumaba y bebía de vez en cuando; pero esta vez sí era todo el tiempo. El 15 de abril de 2002, cuando cumplí 17 años, quería fumar marihuana otra vez. Fumé con mis amigos todo un tazón lleno y juramos no contarle a nadie, pero pronto nuestras sesiones se volvieron más y más frecuentes y todo el mundo supo de mi hábito. Yo era muy amiga de los que vendían la droga y de los 'porreros'. Eso empeoró tanto la situación que literalmente fumaba durante todo el día. El 7 de julio de aquel año Dios se movió con poder para ayudarme en una forma que nunca me habría imaginado. Seis de mis amigos y yo fuimos al lago para consumir drogas. Apenas salí hacia allá, una luz me cegó temporalmente y escuché la palabra '¡detente!'

Mi corazón se detuvo. Se suponía que nos íbamos a encontrar con otros amigos, así que pensé que eran ellos hablándome. Pero estaba equivocada; era un oficial de la policía. Nos arrestaron de inmediato y nos llevaron a la estación de policía, y tan pronto llamaron a mis padres estuve en graves problemas. Esa noche les confesé a mis padres todas mis mentiras; ya no quería esconder nada pues me habían atrapado "con las manos en la masa" y decidí contarles todo de lo que nunca se habían imaginado. Por extraño que parezca, que me arrestaran fue una de las mejores cosas que me sucedieron.

Como resultado de haberles contado todo a mis padres ya no podía salir con ciertos amigos, lo cual me dejó exclusivamente con mis amigos cercanos de la iglesia. Entonces volví a la iglesia los miércoles por la noche pero sólo para salir de casa y oír el mensaje, no para recibirlo.

Pero una noche Dios quebrantó mi corazón y le volví a dedicar mi vida en agosto del 2002. Desde entonces ihe estado avivada por el amor de Dios! Conozco las mentiras y el engaño del enemigo pero oro para que camine con Dios todos los días de mi vida. Ya no es mi vida la que vivo, sino que quiero vivir de acuerdo al plan de Dios porque sé que ¡Él puede darme la mejor vida de todas!

Podemos aprender muchas cosas del testimonio de esta joven. Cuando volvió a la iglesia tuvo que tomar una dura decisión: poner su confianza en algo que la primera vez pareció no funcionar, es decir, poner su confianza solamente en Dios. Aunque pareció que hubiese fracasado la primera vez en su relación con Dios, lo intentó otra vez y le dedicó de nuevo su vida a Cristo.

Hay tres claves importantes que nos darán la habilidad de vencer aun cuando hayamos fracasado. Es probable que hayas estado de acuerdo con todo lo que he escrito hasta aquí, pero en el fondo de tu corazón una voz te diga: *Ya he intentado todo esto antes y sé que esto es lo que debo hacer, pero alcanzar a las personas no es lo mío.* Si eso es así, necesitas comenzar a llevar a cabo los tres principios siguientes con el fin de responder a tus dudas y vencer tu desconfianza.

1. **Cristo es nuestra confianza.** Proverbios 3:26 (Biblia Nueva Versión Internacional, 2014) dice: *"Porque el Señor estará siempre a tu lado y te librará de caer en la trampa."* Si caminas obedeciendo al Señor y a Su Palabra, pondrás tu confianza en Él y Él no te dejará resbalar.

2. **Nuestra confianza no se basa en los resultados.** A veces los resultados que obtenemos son los que esperábamos,

pero otras veces no. *"Ahora bien, la fe es la garantía de lo que se espera, la certeza de lo que no se ve."* (Hebreos 11:1, Nueva Versión Internacional, 2014). Si sólo confiamos con resultados tangibles, realmente no estamos viviendo por fe. Dios sabe que a veces somos tentados a perder la confianza cuando los resultados no salen como los anticipamos, y por eso Dios nos alienta: *"Así que no pierdan la confianza porque esta será grandemente recompensada."* (Hebreos 10:35, NVI). Recibiremos recompensa cuando perseveremos en lo que va más allá de lo que vemos.

3. **Tener confianza no significa negar que fracasamos.** La verdadera confianza no consiste en actuar como si nunca fracasaras o arruinaras las cosas (esto es negar que lo has hecho). La confianza que viene con Cristo te habilita para que dejes el fracaso en donde corresponde. Si has fallado a causa de tus propios pecados puedes ser libre de condenación por medio de la obra de la cruz (lee Romanos 8:1). Si crees que fallaste al caminar en obediencia a la Palabra de Dios debes confiar en que Él tiene el control y está haciendo que todas las cosas te ayuden para bien (lee el versículo 28 de Romanos 1).

Ganar el desafío de confiar frente al fracaso es una de las lecciones más grandes de la fe con las que nos encontramos en la vida. Cuando vencemos y ponemos nuestra confianza en Cristo, estamos listos para lanzarnos hacia lo profundo y estar en donde nunca hemos estado.

Un momento para orar

Dios:

> Gracias porque vivo por lo que dices y no por los resultados inmediatos. Ayúdame a caminar por fe al saber que tú cumplirás aquello para lo que me has enviado a hacer. Confío en que mi trabajo de amor no será en vano y que recogeré lo que siembre si no desconfío. Tú eres galardonador de la diligencia y la fidelidad.

Señor:

Oro para que recompenses mi obediencia a tu Palabra dándoles salvación a mis amigos.

Padre:

Tú sabes cuáles son las áreas en las que he desconfiado, y te pido que restaures en mí una nueva confianza en ti. Quiero la recompensa que viene por confiar en ti.

EL DESAFÍO 5 de **ser constante** en medio de la improductividad

Sabía que algo grande me estaba esperando al otro lado del sedal, y estaba tan emocionado que apenas podía aguantarlo. Soltaba y jalaba hasta que la caña se doblara con la presión de la gran e inminente pesca que me hacía enrollar el sedal; debía ser un pez enorme. Ya visualizaba la imagen perfecta del momento, y cuando saqué el pez rápidamente del agua mi emoción se convirtió en vergüenza. Mi valiosa pesca era un montón de algas marinas; todo ese trabajo por unas simples algas.

Muchas veces nuestros esfuerzos por alcanzar a los demás parecieran ser en vano, como pescar un montón de algas. ¿Alguna vez has invitado a tus vecinos a la iglesia o te has armado de valor para compartirle de Cristo a algún amigo y sólo lograste que te rechazara? ¿Qué hacer ante eso? ¿Cómo responder cuando has intentado pescar toda la noche y tu red está vacía? ¿Qué hacer cuando tu vida en el ministerio, en tus negocios, en tu escuela o en tu hogar pareciera no estar marcando la diferencia en la vida de nadie?

Mantén el **sedal** en el agua

Los grandes pescadores algunas veces se ven enfrentados al desánimo pero lo logran vencer. En forma parecida, podrás experimentar temporadas en las que tu red esté vacía pero no tardarán en llegar los peces. La clave para reaccionar de manera apropiada ante esos momentos es no dejar que el desánimo determine tu reacción. Hay momentos en la vida en los que pareciera que lo que Dios te habló estuviera en un estado de espera, como tiempos de visión sin la realización de la misma. Tal vez seas una persona de negocios con el sueño de emplear a cientos de personas y de compartirle a cada una acerca de Cristo. O tal vez tu visión es estar en el campo misionero y levantar un orfanato para hospedar niños y enseñarles sobre el amor de Dios. Mientras esperas a que se cumpla esa visión es el momento en el que debes confiar en Dios y caminar por fe.

En esas temporadas se prueba a los pescadores; se prueban en su soledad. Pregúntale a cualquier pescador con experiencia y te dirá que

SER CONSTANTE EN MEDIO DE LA IMPRODUCTIVIDAD

una de las características más importantes de un pescador exitoso es la paciencia. A veces sólo debes esperar y dejar el sedal en el agua. Dejar el sedal en el agua significa que si tu amigo no se salva la primera vez que le testifiques, debes seguir hablándole de Jesús. Es decir, significa que aunque ya no sientas deseos de predicarle el Evangelio, aún debes hacerlo. ¡Eso toma tiempo! Dios dice: *"Porque os es necesaria la paciencia, para que habiendo hecho la voluntad de Dios, obtengáis la promesa."* (Hebreos 10:36, VRV, 1960).

Amy es una líder increíble de *Generation Church* que dejó el sedal en el agua cuando parecía improductivo. No se rindió con una chica llamada Breanna. Esta es la historia de Breanna:

Había asistido a la iglesia durante toda mi vida pero nunca supe realmente quién era Dios. Una vez conocí a una de las líderes de Generation Church en la escuela; ella estaba llena de vida y muy emocionada de conocerme, y ese encuentro se convirtió en una amistad maravillosa. Después de esa vez, Amy me llamaba cada domingo por la tarde y me invitaba a ir a su grupo. Honestamente, no quería ir pero no quería herir sus sentimientos, y aunque consideraba la idea de ir, nunca iba. Sin embargo, Amy persistía; seguía llamándome siempre con una actitud sincera y nunca me juzgaba por no ir al grupo.

Ese ciclo continuó por unos cuatro meses más hasta que ya no llamaba con tanta frecuencia; así que cuando llamaba era muy agradable porque me demostraba que sí se preocupaba por mí. Amy no era como otras personas que no inspiraban confianza; era leal y sincera. Algo empezó a ablandar mi corazón preguntándome por qué se preocupaba por mí, así que decidí ir a su grupo. Amy incluso me invitó a cenar y a tomar café para hablar de las cosas con las que yo lidiaba y de las preguntas que tenía.

Nunca había conocido a nadie como Amy, o mejor aún, nunca había conocido a la persona a la que Amy me había presentado, a Jesucristo. Gracias a la fidelidad y a la fe de Amy, hoy le sirvo a Dios. Ella me mostró un amor más grande que el del mundo; dio su vida por una amiga, que es el amor más grande que hay. Sé que Dios me cambió para siempre por la inversión que Amy hizo en mi vida.

Hoy en día, Breanna es una líder maravillosa; ha puesto en práctica la misma constancia que Amy le demostró con las jovencitas de su grupo. De hecho, una de las tareas que tiene en G.C. es hacer una lista de todos los jóvenes que dejan de asistir a *G.C.* por tres semanas seguidas. Cada semana dejan la lista en mi escritorio y mi esposa y yo llamamos a cada uno de esos jóvenes. Amy no se imaginó que su constancia y paciencia fueran a impactar tantas vidas.

Nombra a Jesús el capitán de tu bote

En muchas ocasiones experimentamos redes vacías tal como la de Pedro, pero vemos que Pedro le respondió a Cristo de tal forma que obtuvo una gran pesca después de todo. Cuando Pedro le dijo "Maestro" a Jesús (Lucas 5:5), aceptó que Jesús estuviera a cargo del bote. No le dio miedo ser honesto frente a las circunstancias (no había podido pescar) y también reconoció a Jesús como el que estaba a cargo de todo.

Si Jesús no es el capitán de nuestro bote, aunque pesquemos toda la noche no veremos ningún resultado. La cosecha es en los términos de Dios, no en los nuestros, lo cual significa que todo ocurrirá en Su tiempo, con Sus métodos y básicamente bajo Su responsabilidad. Nuestro trabajo simplemente es obedecer. Cuando le entreguemos nuestro bote a Cristo en su totalidad, experimentaremos la gran cosecha que nos tiene preparada.

No trabajes en vano

Cuando vemos la reacción de Pedro frente a lo que le dijo Jesús podemos entender otra percepción de la clase de trabajo que Pedro había estado haciendo durante toda la noche. Pedro usó la palabra "trabajar" (Lucas 5:5) que representa la obra que realizamos con nuestros propios esfuerzos, habilidades y estrategias. Podemos trabajar y trabajar hasta quedar exhaustos, pero sin Dios y sin su gracia divina nuestra red permanecerá vacía. Debemos cuidarnos de intentar de salvar a las personas de manera impulsiva o por nuestros propios medios y palabras, porque si no, al final quedaremos exhaustos. El libro de Salmos nos advierte:

> En vano madrugan ustedes, y se acuestan muy tarde, para comer un pan de fatigas, porque Dios concede el sueño a sus amados.

(Salmos 127:2, NVI, 2014)

De nada nos sirve quedarnos despiertos toda la noche o levantarnos temprano para intentar que las cosas funcionen por nuestras propias fuerzas. Si Dios nos pide que nos quedemos despiertos toda la noche pescando, debemos obedecerle y veremos que su gracia nos capacitará. Pero si Dios no nos lo ha pedido, entonces lo haríamos en vano. Los discípulos habían trabajado toda la noche porque lo habían hecho en sus fuerzas, basados en su propia capacidad. Para que de verdad podamos ver nuestros hogares, escuelas, lugares de trabajo y ciudades ganados para Cristo, no podemos confiar en nuestras propias experiencias o habilidades. Debemos confiar en Dios para que nos use, nos dirija y nos enseñe a alcanzar a los demás.

Un momento para orar

Dios:

> Te agradezco porque puedo caminar por fe y no por vista. Gracias por darme la fuerza para continuar. Te pido que me ayudes a mantener mis ojos puestos en ti sabiendo que eres fiel a tus promesas. Eres el Maestro a cargo de mi vida y te pido que me ayudes a seguir obedeciendo tu Palabra aun cuando no vea resultados inmediatos.

Dios:

Confío en tu tiempo y en tus métodos; ya no trabajaré por mis propios medios sino que te voy a obedecer y a confiar en tus resultados. Confío en que tomarás las semillas que he plantado para hacerlas crecer. Tú eres el único que trae a las personas a ti. Confío en que vas a hacer que mi obediencia a ti dé fruto.

EL 6º DESAFÍO de competir en un territorio inexplorado

Cuando Jesús le pidió a sus discípulos que fueran mar adentro, les estaba pidiendo que fueran a un territorio inexplorado. Como Pedro y sus compañeros eran pescadores profesionales sabían que las mejores pescas se lograban en lo menos hondo del lago; cuando llegaba el ocaso los peces nadaban hacia la superficie del agua para alimentarse, y por eso los pescadores pescaban en las noches. Jesús le estaba pidiendo a Pedro que hiciera algo diferente, que diera un paso de confianza y se fuera a pescar a donde no acostumbraba a hacerlo.

Apenas pones tu confianza en Cristo te dispones a ir a pescar almas en lugares que nunca habías conocido. Hasta aquí Jesús les había enseñado a sus discípulos acerca de crecer en compasión asegurándose de no envanecerse preocupándose por lo que parecía sin importancia, y poniendo su confianza en Cristo. Ahora Cristo estaba listo para llamar a sus discípulos a un nivel de sacrificio mayor.

Fe, disciplina y dedicación

Pescar mar adentro exige mucho más que lanzar la red. Requiere fe, disciplina y dedicación. Para pescar mar adentro no podemos seguir confiando en nuestras propias fuerzas ni conocimientos previos de pesca. Es una manera distinta de vivir. Lo sobrenatural se lleva a cabo solamente cuando confiamos plenamente en la Palabra de Dios, y el beneficio hace que la inversión valga la pena.

William Carey, el padre de las misiones protestantes modernas dijo que si uno espera grandes cosas debe intentar grandes cosas. Al principio de su ministerio, a finales del siglo XVIII, William Carey le solicitó a un comité de líderes que valoraran más las misiones en el exterior. Thomas R. McKibbens Jr. cuenta en su libro "*The Forgotten Heritage*" (1986) que en dicha solicitud, uno de los líderes interrumpió abruptamente a William Carey diciéndole: *¡Oye joven! ¡Siéntate! No seas afanado; cuando a Dios le plazca convertir a los impíos, lo hará sin consultarnos ni a ti ni a mí.* Aunque en esos días las misiones y la evangelización no le importaban tanto a la iglesia, William estaba determinado a cumplir la Gran Comisión, e insistía en que ésta era una orden para los cristianos, sin importar la época.

En 1972 Carey creó una sociedad misionera, y para 1973 ya tenía un equipo para evangelizar a la India. Sería mentira si dijera que la vida de William fue fácil después de esa decisión. Cuando estaba en India, los miembros de su equipo lo abandonaron; su hijo murió a los cinco años de edad y la salud mental de su esposa se deterioró. Finalmente, después de siete años en el campo misionero, William bautizó a su primer convertido; ¡siete años después!

Nosotros creemos que hemos fracasado si no hemos logrado que nadie se salve al mes de predicarle. Dos meses después de bautizar a su primer convertido, William publicó su primer Nuevo Testamento en la lengua bengalí. En los veintiocho años siguientes tradujo toda la Biblia y abrió las puertas para publicarla en muchas otras lenguas y dialectos.

William Carey murió habiendo vivido en la India por cuarenta y un años sin siquiera haber regresado a su país de origen. Con su trabajo misionero se salvaron setecientas personas y les dejó una fundación a muchos otros misioneros para evangelizar en India con mayor facilidad.

El legado más grande que dejó William Carey fue inspirarnos a hacer misiones en el mundo entero. Su labor inspiró a misioneros tales como Hudson Taylor y David Livingston, quien como William estaba dispuesto a pescar en altamar. Muchos siguieron su ejemplo esperando grandes cosas e intentando grandes cosas.

Fiesta en casa

Pescar mar adentro no significa necesariamente desarrollarse en el campo misionero. Dios tiene un plan y un destino específicos para cada individuo para llevarlo mar adentro, lo cual significa que pueden servir de un modo diferente para alcanzar a las personas en los lugares que frecuentas. Si eres pastor de jóvenes, puede que Dios te esté llamando a buscarlo en oración para darte una nueva estrategia de evangelizar a tu ciudad.

En *Generation Church* creemos que Dios está salvando a más jóvenes en las escuelas y universidades, y a través de los años hemos tenido estudiantes fieles que han abierto estudios bíblicos en sus casas. Dan ejemplo en la oración a la bandera de los Estados Unidos, ofrecen pizza para los asistentes y hacen reuniones después de la escuela. Así hemos visto a muchos estudiantes ser salvos aunque no hemos visto ninguna pesca sobrenatural mar adentro. Por eso empezamos con lo que llamamos "fiestas en casa".

Desearía poder decir que oramos, ayunamos y buscamos al Dios que nos dio una revelación sobrenatural, pero la idea de las fiestas en casa se nos ocurrió de un momento a otro cuando el grupo de estudiantes de una escuela secundaria cercana querían que sus amigos fueran salvos pero su estudio bíblico no les estaba funcionando.

Entonces, un día nos preguntaron si podían hacer una fiesta financiada por la iglesia con la intención de compartirles el Evangelio a sus amigos que aún no eran salvos. A nosotros nos gustó la idea; además teníamos los fondos para comprar pizza, y lo hicimos.

Hicimos dos "Fiestas en Casa" (fue el mejor nombre que se nos ocurrió) y asistieron cincuenta estudiantes en total, cuya mayoría no eran salvos todavía, y escucharon las buenas nuevas de Jesucristo. Seis meses después fueron salvas seis personas que comenzaron a asistir a *G.C.* y a crecer en Cristo. Para ser honesto, seis personas salvas era el número más grande de convertidos que ni siquiera habíamos tenido en los estudios bíblicos, así que decidimos hacer otra "fiesta en casa."

En enero del año 2003 *G.C.* hizo una fiesta casa en la Universidad de Washington. Una fraternidad griega se ofreció a prestarnos su casa para llevar a cabo nuestra *fiesta en casa*. Y hablando de sociedades misioneras, dos estudiantes de la universidad planearon toda la fiesta *G.C.* Todos nos lanzamos mar adentro. Alrededor de doscientos estudiantes (de los cuales sólo quince eran líderes en *G.C.*) entraron en una atmósfera cristiana, escucharon noticias sobre *Generation Church*, escucharon los testimonios de nuestros líderes y quedaron felices.

Nadie se quejó de que no hubiera drogas, alcohol o música para bailar. Un joven me dijo: ¡Esta es la mejor fiesta a la que he ido! Cada fin de semana voy a fiestas donde hay alcohol y chicas con blusas descotadas y minifaldas; es atractivo pero siempre es lo mismo. ¡Pero esta fiesta fue diferente! La gente está feliz y las chicas se visten con distinción. Si hacen estas fiestas todos los fines de semana voy a traer a todos mis amigos.

Después de esa fiesta, muy pocos de aquellos estudiantes han asistido a *Generation Church*. Dos de ellos han sido salvos y se están discipulando. Nos hemos movido en las escuelas y universidades de la ciudad basándonos en la Palabra de Dios. La única manera de triunfar lanzándonos mar adentro es bajo las órdenes de Dios. Pedro no pensó: *¡Sí! Jesús está en mi bote; yo sé que hace cosas sobrenaturales. Tal vez debería ir a altamar.* En vez de eso, Pedro esperó a que Dios le hablara. Esto es lo que abordaremos más adelante, pero quiero advertirte algo: No te lances a pescar mar adentro basándote en suposiciones, sino asegúrate de tener la aprobación de tus padres, del pastor de jóvenes, o del pastor principal.

Para estar en donde nunca has estado necesitas una cobertura de autoridad porque Dios siempre obra a través de las autoridades que pone en tu vida. Cuando vamos a pescar en altamar necesitamos la cobertura de autoridad. Así iremos rumbo a experimentar grandes pescas sobrenaturales pues Dios mismo quiere que todos sean salvos, aún más de lo que tú quieres.

Un momento para orar

Señor:

Te agradezco por venir y hacer lo que hiciste cuando las personas que te rodeaban no lo entendían. Te pido que pongas en mi corazón el deseo de obedecerte y que haga cosas que nunca he hecho en tu nombre. Te pido que me des la mente de Cristo para ser efectivo, no sólo en las cosas pequeñas sino también en las grandes que otros no hayan logrado aún. Te pido que me muestres lo que debo hacer, los sacrificios que debo hacer y que me prepares para hacer cosas más allá de mis propias fuerzas.

Dios:

Te pido que me hables a mí, al pastor de jóvenes, a mis padres, e incluso a mis amigos para darnos estrategias para alcanzar a las personas más eficazmente. Te pido que me abras las puertas en mi escuela o universidad para hablar acerca de ti y engrandecer tu nombre.

Dios:

Creo que vas a guiarme por medio de tu Espíritu Santo, y que cuando lo hagas, me ayudarás a obedecerte de inmediato.

7 EL DESAFÍO de tener un corazón contrito

¿Alguna vez experimentaste una gran estrategia que parecía de parte de Dios para alcanzar a un mundo necesitado, pero cuando la llevaste a cabo no cosechaste lo que creías que ibas a lograr?

Como pastor de jóvenes, muchas veces me he preguntado por qué algunas estrategias no convierten a nadie. Esto casi siempre tiene que ver con la posición de la red; debemos bajar la red al nivel donde están las personas, o si no, nuestros esfuerzos para alcanzarlas serán vanos.

Muchas veces durante la preparación de mis prédicas el Espíritu Santo me ha detenido y me ha preguntado acerca de mis motivaciones. *¿Estoy preparando esto para que me aplaudan los cristianos o para transformar vidas? ¿Estoy haciéndolo por orgullo o por amor por los demás?* Cuando nos vamos mar adentro y empezamos a experimentar las pescas milagrosas debemos repasar el asunto de las motivaciones que leímos en el primer capítulo de este libro. Es fácil motivarse por un amor puro hacia las personas cuando hacemos cosas que parecieran de poca importancia. El desafío de la humildad se presenta cuando comenzamos a alcanzar a las multitudes. ¿Estamos dispuestos a humillarnos a nosotros mismos, lavar nuestra red y hacer lo que sea para alcanzar a los demás dondequiera que estén?

Uno de los mejores ejemplos para alcanzar a los demás fue la Madre Teresa de Calcuta. Aun cuando estaba alcanzando a las multitudes en Calcuta, India, nunca tuvo temor de bajar tanto su red para alcanzar a algún individuo. Esta es la historia de cómo ministró a un hombre en particular:

Algunas de mis hermanas trabajan en Australia. En una reserva, entre los aborígenes, había un anciano. Puedo asegurar que no hay una situación tan difícil como la de los ancianos pobres. Nadie le prestaba ninguna atención a aquel anciano. Su casa estaba desordenada y sucia. Un día le dije: "Por favor, déjeme limpiar su casa, lavar la ropa y hacer la cama". Me respondió: "Estoy bien así. Déjelo así".

Pero yo le dije de nuevo: "Estará mejor si me permite hacerlo". Finalmente consintió. Limpié la casa y lavé la ropa. Descubrí una hermosa lámpara, cubierta de polvo. Sólo Dios sabe cuántos años habían pasado desde la última vez que la había encendido. Entonces le dije: "¿No enciende la lámpara? ¿No la usa nunca?". Me respondió: "No. Nadie viene a verme. No necesito luz. ¿Para quién voy a encenderla? Le pregunté: "¿La encendería si las hermanas vinieran todas las noches?". "Claro que sí", aseguró. Desde aquel día las hermanas se comprometieron a visitarlo todas las noches. Limpiaban la lámpara y la encendían todas las noches. Pasaron dos años. Yo había olvidado por completo a aquel hombre. Pero él me hizo llegar este mensaje: "Dígales a mis amigas que la luz que encendieron en mi vida sigue brillando". (Parroquia de San Juan Bautista, Pascua de enfermos, 2013)

Este testimonio de humildad me impactó bastante; en efecto, su sencillez lo hace extraordinario. La disposición de la Madre Teresa de Calcuta por hacer actos sencillos de bondad refleja su humildad. Nosotros también debemos tener la disposición de comprometernos con actos sencillos preocupándonos por las personas. Puede que esos actos no vayan a ser conocidos por todos o no salgan en el periódico, pero producirán en nosotros una humildad profunda mientras les ayudemos a los demás en sus necesidades. Los actos sencillos de preocupación por las necesidades de las demás personas se convierten en un estilo de vida para aquellos con cuyo mensaje se conmueven. Si esperamos que nuestra vida diaria sea una mera sucesión de eventos, nos vamos a desilusionar. Debemos detenernos en las necesidades de cada individuo y bajar la red hasta donde podamos alcanzar a los necesitados.

El quebrantamiento

En el salmo 51:17 podemos ver lo que le agrada a Dios. *"Los sacrificios de Dios son el espíritu quebrantado; al corazón contrito y humillado no despreciarás tú, oh Dios."* (RV, 1960) Las palabras "quebrantado" y "contrito" son sinónimos de humildad, y también significan "destrozado" o "adolorido" (RAE, 2014). Pero eso no quiere decir que Dios quiera rompernos el corazón sino que desea cambiar nuestra actitud y nuestro espíritu. Nuestros deseos y motivaciones egoístas deben ser rotos para que Dios forme en nosotros sus propios deseos. Este salmo indica que el sacrificio que más aprecia Dios es un corazón contrito y humillado, colocado en sus manos para que Él mismo lo reconstruya.

Un corazón así sólo se puede forjar con una relación genuina con Dios, y no estoy hablando de un falso sentimiento de humildad ni de condenarnos a nosotros mismos, sino de reconocer con humildad quiénes somos y quién es Dios. En efecto, la humildad es la fuente de una autoconfianza sana y auténtica cuando fundamentamos en Jesús nuestro valor e identidad en vez de hacerlo en nuestra propia prudencia. En la medida en que conozcamos más a Jesús, nuestros deseos y hábitos egoístas comenzarán a perder el poder sobre nosotros, y nuestros corazones se suavizarán. De esa manera serán más flexibles y más receptivos a Él. No sé cómo explicarlo, pero cuando le digo a Dios: *"que se haga tu voluntad y no la mía"*, ocurre un intercambio sobrenatural que transforma mis debilidades en fortalezas, mi injusticia en justicia y mis deseos egoístas en sus deseos puros.

Un momento para orar

Padre:

Oro para que indagues en mi corazón y quites todo deseo orgulloso de impresionar a la gente en vez de alcanzarla. No quiero que me importe más mi reputación frente a los cristianos que tu propósito para mí.

Señor:

Ayúdame a motivarme con un amor sincero y a preocuparme de verdad por las personas necesitadas. No quiero testificar con el fin de mostrarles a los demás que soy un buen cristiano, ni sentir que lo hago sólo por cumplir. Necesito tu amor puro. Por favor muéstrame cómo preocuparme por los demás y servirles. Recuérdame de dónde vengo y mantenme humilde y cerca de ti.

Dios:

Reconozco que no estaría aquí sin ese don tan increíble de tu gracia. Crea en mí un corazón limpio y un espíritu contrito, y ayúdame a darle a los demás ese amor que tú me das.

EL DESAFÍO 8 de que los mandamientos de Cristo determinen nuestras acciones

Esa mañana me senté en el carro y me pregunté si lo lograría. Sentía que se me iba a salir el corazón. No podía creer que le había dicho a todo el mundo que iba a predicar en la cafetería de mi escuela. Me puse a razonar mentalmente: *Quizá este no es el mejor día para hacerlo; debería esperar. Además, ¿qué pensarán mis amigos?* Había dos momentos designados para almorzar y yo iba a predicar en el primero. Estaba en el último año de la secundaria y todos los alumnos de la escuela iban a almorzar en ese momento. *"¿Será que sí podré hacerlo?"* La duda y el miedo me estaban matando.

Con desespero saqué mi Biblia grande y azul, y le pedí a Dios que me hablara; y sin saber adónde mirar hice lo que haría cualquier hombre o mujer de Dios: cerré los ojos, abrí la Biblia al azar y puse el dedo en un pasaje. En realidad no esperaba que Dios me hablara, pero igual, no me iba a doler. Así que miré y leí las siguientes palabras: *Dios es conocido en Judá.* (Salmos 76:1, RV, 1960) Me quedé sorprendido. Mi nombre en español es "Judá". Dios me había iluminado y en ese momento mi miedo había desaparecido.

Minutos después estaba de pie en la cafetería de mi escuela *"Issaquah High School"* ante casi cien de mis compañeros. Mi hermana Wendy y los pastores Jude Fouquier y Steve Carpenter estaban allí para apoyarme. Mi amigo Jordan me preguntó si quería caminar mientras predicaba y le dije: No. Hay algo que debo hacer. Y sabiendo Jordan lo que yo planeaba hacer, jadeó y dijo: ¡Oh! ¡Amigo! Y se volvió a sentar rápidamente.

Entonces me levanté de la silla y grité: ¡Disculpen! ¿Podrían ponerme atención por favor? Todo el mundo se volteó y me miró. Ahora tenía que seguir hablando.

"Me llamo Judah —les dije en voz alta. Tal vez algunos me conocen porque estoy en el equipo de básquetbol, pero lo que muchos de ustedes no saben es que soy cristiano. Algunos se preguntan si Jesucristo es real. Pues estoy aquí para decirles que sí es real y que ha cambiado mi vida." Seguí contándoles mi testimonio, y dos estudiantes del segundo año de la preparatoria se levantaron para retirarse, pero yo les grité: ¡Necesitan quedarse y escuchar esto! ¡Además soy mayor que ustedes!

Y se sentaron de inmediato.

Después de casi media charla contándoles mi testimonio, algunos de mis compañeros comenzaron a aplaudir y por eso los demás no me podían escuchar. Y Glen, el capitán del equipo de fútbol americano, se levantó y gritó: ¡Silencio! ¡Mi amigo no ha terminado! Todos hicieron silencio.

Cuando terminé de testificar invité a todos los estudiantes a mi estudio bíblico en la escuela. ¡No podía creer que lo había hecho! Y sabía muy bien que si no hubiera sido por la palabra que Dios me había hablado en el Salmo 76, no habría podido predicar en la cafetería de la escuela.

Cuando las probabilidades de fracasar sean muchas y el temor te intente detener, la Palabra de Dios te motivará. Pedro no quería volver al lago en donde había intentado pescar sin éxito, pero volvió porque Dios le habló. Yo prediqué en la cafetería porque Dios me habló. Al final de mi último año, muchos de mis compañeros recibieron a Jesucristo como su Señor y Salvador, y todo gracias a que Dios me habló y yo le obedecí.

Un estanque lleno

Cuando nos vamos mar adentro para tratar de alcanzar a más personas debemos depender de la Palabra de Dios para que nos dirija hacia donde están los peces porque Él sí sabe dónde están.

Cuando era niño me encantaba ir de pesca con mi papá. Nos levantábamos a las tres de la mañana y mi papá conducía hasta el lago "Rainbow Lake". Íbamos con nuestros vecinos. Una mañana pescamos veintiocho truchas arcoíris. Para mí entendimiento, éramos los mejores pescadores del mundo; pero después me di cuenta de que la causa era que yo tenía un padre inteligente que me llevaba a un estanque abastecido de peces hambrientos que querían que uno los pescara.

De la misma forma, Dios sabe en dónde están las personas que lo están esperando a usted para recibirlo. Si nos acercamos a Dios y dejamos que dirija nuestra pesca, él nos llevará a aquellos lugares en los que la gente está dispuesta a escuchar de Él. El reto está en esperar su dirección.

Es muy fácil ver lo que otros cristianos están haciendo y sentirnos presionados a hacer algo grandioso para Dios dependiendo de nuestras propias fuerzas y nuestros conocimientos. Pero para alcanzar a los demás debemos confiar en Dios y esperar su dirección.

Hay varias formas de pescar personas. Uno de los métodos consiste en tomar la caña y lanzarla sin discernir ni conocer las necesidades de las personas o la disposición de sus corazones. El otro método involucra la voluntad de Dios, es decir, esperar y prepararse dependiendo de una palabra de parte de Dios. A veces este método parece lento pero la verdad es que te dará pescas más exitosas y verás que valió la pena esperar.

Entre los miembros de logística de la iglesia tenemos un chiste desde hace bastante tiempo, y es que nuestra iglesia sólo tiene dos velocidades: esperar y acelerar. Estas dos velocidades salieron del método de pesca que establecieron mis padres, los pastores de *"City Church"*. Así que oramos, esperamos y luego volvemos a orar, y cuando Dios nos dice en dónde debemos lanzar el sedal, ¡tomamos nuestras cañas y nos apuramos!

Después de diez años creciendo, *City Church* y su congregación de jóvenes de *Church Generation* son dos grandes ejemplos de pescar solamente cuando Dios nos da una palabra profética. Hay estanques llenos en nuestras ciudades, comunidades, negocios, barrios y escuelas. Simplemente necesitamos estar dispuestos a escuchar la dirección de Dios, y cuando lo hagamos, Dios nos posicionará para alcanzar ciudades enteras.

Un momento para orar

Padre:

 Te agradezco por darme oídos para escuchar lo que me dices. Te pido que me

guardes en tu Palabra y que pongas tus Escrituras en mi mente. Que tu Palabra renueve mi vida para que yo conozca cuál es tu perfecta voluntad y tus planes para mí. Te pido que no haga nada fuera de tu Palabra. Ayúdame a esperar en ti para poder escucharte con claridad y sin confusión. Que tu Palabra me lleve más allá del temor y de la duda. Necesito tu Palabra para hacer aquello para lo cual me has llamado. Creo que me llevarás a las personas que desean conocerte y que usarás mi obediencia. Gracias por revelarme el propósito que tienes para mí.

9º DESAFÍO de pensar en **toda la ciudad** e influenciarla

Mi visión es muy pequeña. ¡lo admito! He limitado a Dios con mucha frecuencia. Pensaba que la visión de que miles de jóvenes participaran en la iglesia juvenil venía de parte de Dios pero estaba equivocado. La visión de Dios es mucho más grande; ¡Él desea toda la ciudad! En un radio de 48 kilómetros, que es el tamaño de nuestra iglesia en Kirkland, Washington, hay 130.000 jóvenes entre los 12 y 24 años de edad, y las probabilidades indican que la mayoría de ellos no son cristianos. Esto significa que el trabajo que tenemos es perfecto para nosotros. Mi visión para nuestra iglesia juvenil debe incluir alcanzar a todos esos jóvenes, pero obviamente no lo podemos hacer solos y por eso vamos a trabajar de la mano con otras iglesias del sector para que juntos podamos evangelizar a cada uno de esos jóvenes.

La Biblia nos dice que Dios desea que todos sean salvos (lee I de Timoteo 2:4), y eso significa

¡todos! Si lo razonamos con nuestra mente natural, vamos a dudar que eso pueda suceder.

Amplía tu manera de pensar

Durante una reunión muy especial en *City Church* con la Dra. Marilyn Hickey, ella interrumpió su prédica, puso sus manos sobre mí y me dijo: Tu manera de pensar es muy limitada, muy limitada. ¡Dios quiere ampliar tu manera de pensar!

Para ser honesto contigo me quedé muy sorprendido porque pensé que la visión de una iglesia juvenil con miles de jóvenes ya era impresionante, pero estaba equivocado de nuevo. Una vez más estaba equivocado porque nuestro Dios es el Dios de Abraham; el que le dijo a Abraham que su descendencia sería como las estrellas y la arena del mar que no se pueden contar. (Lee Génesis 22:17) ¿Alguna vez has intentado contar una manotada de arena? Si Dios te dijo que alcanzarías a 5000 personas, ¿creerías que te va a dar ese número de personas? ¿Qué tal 50.000 ó 500.000? Desde entonces Dios ha ampliado mi manera de pensar, y lo sigue haciendo. ¿Qué tan amplia es tu manera de pensar?

Hace poco tuvimos el privilegio de recibir al Dr. David Yonggi Cho en *City Church*. Cuando escuchas hablar a un hombre de tanta fe empiezas a darte cuenta de lo limitada que es tu manera de pensar. El Dr. Cho decidió creerle a Dios para tener 800.000 miembros en su iglesia. ¿Cuál es el punto? Dios quiere que pensemos en grande. Mucha gente necesita ser salva y añadida a la Iglesia. Nuestras iglesias necesitan crecer. El Dr. David Cho cuenta la historia de cómo Dios lo llevó por el proceso de ampliar su visión para alcanzar a más personas. En los comienzos de su iglesia, cuando sólo tenía 500 miembros, creyó que la iglesia crecería hasta tener 3.000 porque Dios le dijo: Cuando puedas ver en tu corazón a 3.000 miembros, ven a mí y pídemelo, y te lo concederé. Y continúa así la historia:

> Entonces me puse a orar todos los días para que 3.000 personas se convirtieran, y muy pronto pude soñar con que la iglesia tuviera 3.000 miembros. Así me pude comunicar con el Espíritu Santo. Estaba alabando al Señor y teniendo visiones y sueños claros de la iglesia con 3.000 miembros. Entonces me puse a predicar como si les estuviera hablando a 3.000 personas aunque sólo hubiera 500 miembros. Las personas se me acercaban y me decían: "Pastor, sólo somos 500; no grite tan duro porque nos duelen los oídos." Pero yo les respondía: "No. Les estoy hablando a 3.000 personas porque Dios llama a las cosas que no son como si fueran."
>
> Así que hablaba como si tuviera 3.000 miembros. Soñaba con 3.000 y me regocijaba

como si los tuviera. Yo estaba viviendo como si fuera un pastor de 3.000 ovejas. Para 1964 ya tenía los 3.000 miembros, así que, "lo que puedan ver, lo pueden tener."

Llena la casa hasta rebosar

Podemos ver este principio en Lucas 5:6. ¡Dios quiere que más gente sea salva! Él utiliza la ilustración del bote lleno de peces para demostrarnos que quiere ver nuestras iglesias llenas de almas redimidas. A Dios le gustan las cantidades enormes porque esas grandes cantidades representan a las almas. Para Jesús, cada persona es un alma por la cual murió y tuvo en cuenta en la Cruz. En consecuencia, sería extraño que no nos regocijáramos cuando vemos el cumplimiento de los propósitos de Dios y más gente se añade a su Iglesia porque nuestro Dios quiere una casa llena.

Cuando Jesús contó la parábola de "la gran cena" en Lucas 14:15, estaba ilustrando el deseo de Dios de que su casa estuviera llena de sus escogidos. *"Dijo el señor al siervo: Ve por los caminos y por los vallados, y fuérzalos a entrar para que se llene mi casa."* (Lucas 14:23, RV, 1960)

Necesitamos entender con claridad que nuestro Señor y Salvador no murió por una cantidad selecta sino por toda la humanidad. Con esta revelación, y con la ayuda del Espíritu Santo, tenemos la responsabilidad de compartir las buenas nuevas y creer que todos pueden ser salvos. De esta forma nuestra manera de pensar y nuestra misión se ampliarán.

Renueva tu mente

¿Cómo se amplía nuestra manera de pensar? ¿Qué se suponía que iba a responder yo frente a ese desafío profético de la Dra. Marylin Hickey acerca de mi vida?

Una de las mejores formas de ampliar nuestra manera de pensar es ver a través de la Biblia. Tal como lo analizamos en el capítulo 8 de este libro, la Palabra de Dios es la que va a dirigir nuestro obrar. También se supone que la Palabra perfecta de Dios debe dominar nuestros pensamientos. Así, la forma más efectiva de ampliar nuestra manera de pensar y nuestra perspectiva espiritual es comer literalmente de la Palabra de Dios. Cuando la leemos diariamente nos renueva el pensamiento, y cuando la estudiamos renueva nuestra mente porque deshecha los pensamientos incorrectos y los reemplaza con las ideas y los pensamientos de Dios. Y mientras nos renovamos, se activan nuestros sentimientos y se alinean con los de Dios.

Quisiera aprovechar este momento para desafiar a una nueva generación de predicadores y líderes del Cuerpo de Cristo. Ahora que soplan vientos de doctrinas y de ideas acerca del fin del mundo debemos ser una generación de la Palabra. La Palabra de Dios infalible e inerrante debe ser el fundamento de esta generación emergente porque si Su Palabra no es el ancla de nuestra vida diaria ni de nuestro ministerio, entonces no perduraremos. Debemos permitirnos a nosotros mismos que la Palabra de Dios nos forje y nos moldee, y sólo así podremos ser el arma formidable para el final de los tiempos que Dios está preparando.

Apreciado joven, pastor de jóvenes o padre, no crea en nada menos que en la Palabra de Dios que es infalible, y su eficacia está comprobada.

Cree y obedece

Leamos otra vez Lucas 5:6. *"Y habiéndolo hecho, encerraron gran cantidad de peces, y su red se rompía."* (RV, 1960) Este versículo nos revela un secreto para lograr una gran pesca: "Y habiéndolo hecho", en otras palabras dice que "cuando obedecieron a la iniciativa de Dios", él se manifestó.

Cuando hacemos lo que Dios quiere que hagamos suceden cosas grandes. Tenemos la capacidad de discernir lo que Dios va a hacer, para así subirnos a bordo. Dios quiere que todos sean salvos; y si estamos dispuestos a obedecer a su designio, él permitirá que participemos amando y ayudando a los necesitados en todas partes del mundo.

Creer en grande y obedecer a Dios preceden a los grandes acontecimientos; o si no, pregúntale a Abraham. Él le obedeció a Dios hasta el punto de estar dispuesto a sacrificar a Isaac, y Dios le prometió que lo bendeciría y multiplicaría su descendencia. Debemos actuar con una respuesta obediente, total e inmediata ante la Palabra de Dios para cada uno de los aspectos de nuestra vida. Necesitamos tanto creer confiando en Dios, como obedecer sus mandamientos con todo nuestro ser. Si caminamos con Él veremos cómo nuestra obediencia y nuestra fe actuarán juntas para producir una cosecha grandiosa.

Cree en el sueño

Para concluir este capítulo quiero exhortarte de la misma forma en que mi padre ha exhortado a toda nuestra iglesia: ¡Cree en el sueño! Este se ha convertido en el lema de *City Church*, y viene desde Génesis 15 cuando Dios le revela Su sueño a Abraham. Dios se lo lleva fuera de su tienda y le declara que su descendencia será como las estrellas que ni siquiera se pueden contar. Ése es el sueño de Dios. Nosotros somos descendientes de Abraham, y mucha gente va a conocer el reino de Dios por medio de nosotros. Generalmente les digo a nuestros jóvenes que nunca nos disculpemos por proclamar y orar por los miles de jóvenes que llegarán a *Generation Church* porque ése es el sueño de mi Dios. ¡Te animo en nombre del Espíritu Santo a creer en el sueño que Dios tiene para tu ciudad!

Un momento para orar

Dios:

"Perdóname por pensar de una manera tan limitada. Por favor amplía mi manera de pensar y dame la fe y la capacidad para creer en el sueño que tú tienes para mi ciudad. Te pido que cuando lea tu Palabra y medite en ella, desafíes mi fe y pueda visionar más allá de las posibilidades naturales, porque Tú eres el Dios de lo imposible. Ayúdame a ver más allá de mi capacidad las posibilidades sin fin que hay en ti. No dejes que mi mente limite lo que quieres hacer a través de mí, en mi ciudad. Haz tu voluntad en mi vida, en mi familia y en mi ciudad.

10 EL DESAFÍO de trabajar en comunidad

Dios nos llamó a pescar una gran cantidad de peces y a alcanzar ciudades enteras, ¡pero no podemos hacerlo solos! Como el pastor de *Generation Church*, digo que sería imposible intentar alcanzar a los 130.000 jóvenes del sector, sólo mediante nuestra iglesia. Como vemos en Lucas 5:7, Jesús desea que trabajemos en equipo con muchos otros obreros en nuestra comunidad. Si Jesús conocía el número de peces que Pedro iba a pescar, entonces ¿por qué no le dijo que trajera una red y un bote más grandes? Creo que Jesús aprovechó esa oportunidad para enseñarles a sus discípulos el principio de trabajar en comunidad. La palabra "compañeros" en Lucas 5:7 (NVI, 2014) se refiere a una *"persona que se acompaña con otra para algún fin"* y a *"cada uno de los individuos que compone un cuerpo o una comunidad."* (RAE, 2014) ¿Compartes con alguien tu ministerio?

Repetidas veces en el ministerio me he encontrado con jóvenes que me cuentan sus sueños de ganar a los que están perdidos, ministrar a los quebrantados de corazón o ir a las naciones. Sus deseos son sinceros y admirables, pero en muchos casos aún les falta descubrir el principio de trabajar en comunidad; y cuando ése es el caso los animo a involucrarse en el grupo de su iglesia para que Dios les abra las puertas en el ministerio porque éste siempre va a requerir un trabajo en equipo.

Un momento de **vulnerabilidad**

El riesgo de tener compañeros es que todos pueden ver nuestras debilidades. Pedro necesitaba compañeros porque estaba experimentando debilidad en su red, y sin compañeros habría ocultado la parte rota de su red y no habría podido atrapar tantos peces. Debemos estar dispuestos a dejar que otros nos conozcan y fortalezcan nuestras debilidades con el fin de pescar una gran cantidad de personas. Proverbios 18:1 nos instruye. *"El egoísta busca su propio bien; contra todo sano juicio se rebela."* (NVI, 2014) En otras palabras, dice que el egoísta se centra en sí mismo para hacer lo que quiere y no permite que los demás le puedan ayudar.

En lugar de centrarnos en nosotros mismos debemos tener colaboradores, y esto no significa sólo asistir a los grupos pequeños de la iglesia sino que implica involucrarnos activamente con personas a quienes podamos llamar cuando necesitemos ayuda. A Pedro no le dio miedo pedir ayuda a gritos, a sus amigos, cuando en medio del lago se estaba rompiendo su red. Además, debemos estar dispuestos a ser vulnerables y pedir ayuda.

Un lugar de **encuentro**

Cada uno de nosotros necesita comprometerse e involucrarse en una iglesia misionera para asegurar nuestro crecimiento espiritual, y no sólo el nuestro sino el de las personas que lleguen a Cristo. La unción se lleva a cabo en las reuniones colectivas de la iglesia, y así es como Dios nos pondrá en contacto con esas personas a las que no alcanzaríamos si no fuera así. La siguiente historia es una muestra poderosa de este principio.

"Toda mi vida estuve buscando amor, pero el amor que encontraba en los hombres, en mis amigos y en mi familia sólo me llenaba por temporadas cortas. Mis padres eran refugiados de Vietnam y vinieron a los Estados Unidos en 1980. Yo nací en 1983. Al crecer fui influenciada por mi mamá que era budista, y

mi papá se dejaba llevar por cualquier religión que mi mamá quisiera.

Cuando estaba en noveno grado, la mejor amiga de mi mamá la llevó a la iglesia y mi mamá aceptó a Jesucristo como su Señor y Salvador. Ella quería que yo sintiera el mismo gozo para mi vida, y yo me bauticé en la iglesia católica. El problema fue que mi vida interior no había cambiado. De hecho, apenas me bautizaron me salí a hurtadillas de la reunión para verme con mis amigos en la parte de atrás de la iglesia. Detestaba la iglesia y creía que todas las personas allí eran hipócritas y tontas, y no hacían más que adorar a un judío colgado de un palo.

En los años siguientes de mi vida tomé algunas malas decisiones. Necesitaba tanto amor que salía con amigos indecentes. Tuve un novio que me decía que me amaba pero su amor no era verdadero. Entonces comencé a sufrir de depresión e intenté suicidarme varias veces pues la vida me parecía sin sentido porque nada me satisfacía. Por fuera parecía como si todo estuviera bien, pero por dentro me sentía miserable.

Al finalizar mi segundo año de preparatoria mi padre estaba desilusionado de mis amistades y decidió que nos mudáramos al occidente de Seattle. Nos fuimos para Redmond y yo odiaba mi vida aún más. Un mes después de mudarnos mi madre fue diagnosticada con cáncer. Ella había tenido cáncer pero se había recuperado, y para ser honesta, eso ni siquiera me preocupaba en lo más mínimo porque pensaba que se recuperaría.

No me gustaba mi escuela 'Redmond High School' pero al final conseguí algunos amigos. Cierto día, después de salir de la escuela, una amiga me arrastró a conocer a un tipo que dirigía un estudio bíblico. Ella sólo quería que yo lo conociera porque le parecía atractivo, ¡no porque estuviéramos interesadas en la iglesia!

Cuando lo conocí quedé en 'shock'. Ese chico era completamente diferente a la idea que yo tenía acerca de los cristianos. Era amigable, inteligente y atractivo; había "algo diferente" en ese chico. No era lo que yo me esperaba.

Esa misma semana mi mamá se inscribió en el hospital porque su cáncer había empeorado. Le conté al chico del estudio bíblico acerca de mi mamá y fue al hospital y oró por ella. Eso fue el domingo 10 de octubre de 1999. Cuando volví a la casa sonó el teléfono y mi padre y yo contestamos al mismo tiempo.

'Señor Le', —dijo el doctor, 'No creo que su esposa lo vaya a lograr.'

Me quedé sin palabras. Ni una sílaba salió de mi boca. Mi padre, mi hermano de 10 años de edad y yo, salimos corriendo al hospital. Mientras viajábamos en el carro miré hacia el cielo despejado de esa noche y le dije a Dios: ¡Tú no me harías esto!

Nadie me había dicho si había un Dios o no, pero por alguna razón yo sabía que de algún modo había un creador o algo así. Dije eso pensando que Dios era demasiado grande para notarme.

Mi vida era miserable, y si mi madre, que era la única persona que me amaba en el planeta, me dejaba, yo me iba a morir también.

Al llegar al hospital subí corriendo las escaleras y volteé hacia su habitación. Vi a las enfermeras pero ellas sólo me ojeaban y luego miraban hacia otro lado. Para empeorar la situación, el cuerpo de mi mamá estaba cubierto con una sábana blanca. Grité desde mis entrañas, le jalé la sábana y salté hacia ella llorando. '¡No puedes dejarme! ¡No puedes dejarme! ¡Lo siento! ¡Lo siento!' Y comencé a maldecir a Dios diciendo: '¿Qué clase de Dios eres tú que quieres quitármelo todo?' Y de mi boca salieron palabras que nunca le debí haber dicho a Dios.

Fui a la escuela al día siguiente porque no sentía que podía quedarme en casa. En la clase de español, una chica me pasó un pasaje de la Biblia y le di las gracias. Pero en mi mente, éste sólo parecía un pedazo de basura. Después ella vino y me abrazó. Elizabeth era una chica linda y muy dulce; era la clase de persona con la que nunca saldría porque se veía muy inocente, pero algo en ella me llamaba la atención, algo como lo que había en el chico que había orado por mi mamá. No era la manera como se vestía ni cómo se veía, sino el gozo y el amor que brotaban de su interior. Yo estaba tan necesitada de esa clase de amor que comencé a compartir con Elizabeth y a ir al estudio bíblico con ella.

Las cosas en mi casa iban muy mal pues mi papá y yo peleábamos. La depresión me estaba afectando muy duro y tenía sueños en los que me suicidaba. No sé por qué me había hecho amiga de Elizabeth si ella era cristiana, pero nunca me predicaba; sólo me quería mucho. Ella y el chico del estudio bíblico me insistían que fuera al servicio en la iglesia pero yo siempre les salía con alguna excusa. Finalmente un día decidí ir.

Cuando entramos a la iglesia vi mucha gente con las manos levantadas, danzando y cantando. '¿Esta es la iglesia?' —pensé. '¡Qué montón de gente tan rara! ¡Parecen drogados!' Pero cuando empecé a leer la letra de la canción que estaban cantando sentí como una suave ola de calor sobre mí. Me caí de rodillas y me puse a llorar. Entonces escuché la voz de Dios que me decía: Karen, yo soy quien buscas. Soy el amor que te va a satisfacer. Soy el que tiene un plan y un futuro para ti. Inmediatamente le respondí: ¿Cómo puedes decirme eso después de todo lo que te he hecho y dicho? Finalmente lo único que escuché fue: "Karen, te amo."

Me puse a llorar otra vez y no me importó que se me corriera el maquillaje sobre las mejillas. Desde ese momento mi vida nunca volvió a ser la misma, y ahora, después de tres años y medio, ¡mi relación con mi papá es increíblemente buena! Lo amo, y también amo a mi hermano. Mi vida pasó de las tinieblas a la luz y nunca seré la misma de antes.

Para que Karen fuera salva necesitaba esa unción santificante que hay en el servicio de la iglesia. Si tú aún no eres miembro de ninguna iglesia, ¿adónde vas a llevar a tus amigos que necesitan experimentar el poder de Dios demostrado en la unción colectiva para que sean salvos?

Es cierto que puedes llevarlos a un estudio bíblico, pero hay unciones que se llevan a cabo en las reuniones colectivas de la iglesia y que no puedes hacerlas solo. Hay una razón por la cual el autor de Hebreos instruyó a los cristianos así: *Considerémonos unos a otros para estimularnos al amor y a las buenas obras, no dejando de congregarnos como algunos tienen por costumbre sino exhortándonos; y tanto más, cuanto veis que aquel día se acerca.* (Hebreos 10:24-25, RV, 1960) ¡Necesitamos ir a la iglesia!

Un lugar para el **discipulado**

Asimismo necesitamos un lugar para discipular a nuestros amigos. Uno de nuestros grupos masculinos de la secundaria iba a tener una noche de diversión. Planearon un torneo grande de básquetbol y todos los chicos tenían que invitar amigos. Josh, uno de los que asistía siempre al grupo, invitó a su amigo Cody, por quien había estado orando y a quien había testificado casi por un año. A Josh le sorprendió que Cody hubiese aceptado la invitación.

Al terminar de jugar básquetbol, algunos chicos comenzaron a contar sus testimonios sobre lo que el Señor Jesús había hecho en sus vidas. Después, el líder del grupo preguntó si alguien quería comenzar una relación personal con Jesucristo. Cody tomó su decisión y fue salvo y lleno del Espíritu Santo. Desde entonces está siendo discipulado en ese grupo juvenil.

Así como los individuos necesitan una iglesia que los ayude a lograr una pesca grandiosa, las iglesias también se necesitan unas a otras para alcanzar con eficacia una ciudad. *Generation Church* no puede alcanzar a 130.000 jóvenes por sí sola, y por eso necesitamos el apoyo de otras iglesias. En donde somos débiles, otras iglesias son fuertes.

El concepto del **centro comercial**

Creo que hay días en que las iglesias compiten unas con otras porque son pocos los peces. Es hora de que entendamos el concepto del centro comercial. Los comerciantes minoristas han descubierto el poder y la rentabilidad de tener negocios en los centros comerciales porque llaman más la atención de los clientes que las tiendas en las calles. ¿Por qué? Por la variedad que ofrecen las tiendas de un centro comercial.

El mismo principio se aplica con las iglesias. Todos le ofrecemos a la gente a Cristo, pero cada iglesia tiene sus propias y únicas estrategias para satisfacer las necesidades de las personas. Trabajar juntos nos ayuda a ser más efectivos. Por ejemplo, nuestra iglesia no ofrece consejería cristiana profesional, pero una iglesia situada a unos kilómetros de la nuestra, por la misma carretera, tiene un excelente programa de consejería espiritual que siempre recomendamos. Nos estamos ayudando juntamente con ellos para compartir la cosecha, y como resultado estamos ayudando a muchas personas que están siendo salvas.

Un momento para orar

Padre:

"Te agradezco por el Cuerpo de Cristo y por los hombres y mujeres que has enviado para obrar en mi vida. Rodéame de personas cuyas fortalezas balanceen mis debilidades. Te pido que me ayudes a someterme a mis pastores y a mis padres para que podamos trabajar juntos y ver que tu propósito se lleve a cabo. Ayúdame a ser humilde y a pedirles ayuda y oración. Ayúdame a ser amigable para trabajar con otros y que la gente sea salva. Gracias por llenar mi vida de gente que te ama y quiere que venga tu reino y se haga tu voluntad. Enséñame a servir en los ministerios de otros para que muchas más personas vengan a ti.

EL DESAFÍO 11 de **comprender** que Dios ama a los pecadores

No sé si alguna vez escuchaste la vieja historia del zapatero estadounidense que enviaron a una región remota de Africa. Apenas llegó a su destino le mandó un telegrama a su proveedor diciéndole: *Quiero volver a casa. Nadie se pone zapatos en esta parte de África.*

Así que lo devolvieron a los Estados Unidos y enviaron a otro zapatero que era un vendedor exitoso. Este segundo zapatero también envió un telegrama a la oficina central en los Estados Unidos diciendo: *¡Todo el mundo aquí necesita zapatos!*

Cada uno de esos dos zapateros tenía perspectivas diferentes. Las perspectivas de una persona determinan sus resultados, así como ambas perspectivas de los zapateros trajeron consigo diferentes resultados. La perspectiva es un principio poderoso para alcanzar con éxito a la gente necesitada.

Todo el mundo aquí necesita a **Jesús**

Si nosotros, que deseamos alcanzar a los demás, no tenemos la perspectiva bíblica del amor de Dios por los pecadores, terminaremos como el primer zapatero tratando de escapar de un mundo lleno de gente que no quiere a Dios. Seguiremos viendo a nuestros vecinos, nuestras escuelas, comunidades y ciudades como gentes degeneradas que nunca querrán "ponerse zapatos"; y por esa razón terminaremos devolviéndonos a casa.

La iglesia necesita cristianos con una perspectiva de fe y que digan: ¡Oh! ¡Todo el mundo aquí necesita a Jesús! Tengo mucho trabajo para hacer. Quizá no parezca que necesiten zapatos, e incluso al principio podrán decirle no a los zapatos, pero debes esperar a que te vean usándolos. Nuestra perspectiva debe ser como la del segundo zapatero: ¡Todo el mundo aquí necesita zapatos!

Si no comprendemos que Dios ama a los pecadores terminaremos como el chico del barrio que lleva los implementos deportivos de todos los jugadores, pero alguien lo pone de mal humor y entonces se lleva los implementos y se va a la casa dejándolos a todos sin nada. Como cristianos, no nos podemos poner de mal genio e irnos a casa con todos los implementos dejando a los demás sin nada.

Es hora de mirar a los demás como Dios los mira. Si estás en la secundaria deberías caminar por los pasillos de la escuela y reaccionar ante la corrupción diciendo: ¡Oh Dios! ¡Todo el mundo aquí necesita a Jesús! ¡Esta es una gran oportunidad!

Los pastores deberían caminar por las calles de sus ciudades reconociendo lo bendecidos que son por vivir en una ciudad en donde todo el mundo necesita a Jesús. ¡Qué gran oportunidad! Así fue como el segundo zapatero vio las necesidades de la gente; tú también puedes.

Cada pecador representa una increíble oportunidad para compartir a Cristo. Cada persona perversa tiene la posibilidad de experimentar a Dios. Cada individuo perverso es un alma necesitada para que traigas a Cristo. Esta es la perspectiva de fe que puede cambiar a una ciudad entera.

Pedro pudo verlo

Nuestra perspectiva cambia cuando tenemos una relación con el amor incondicional de Dios. Esto fue lo que le sucedió a Pedro en Lucas 5:8:

Viendo esto, Simón Pedro cayó de rodillas ante Jesús diciendo: Apártate de mí, Señor, porque soy hombre pecador. (RV, 1960)

Imagínate lo que Pedro habrá sentido después de que Jesús lo hizo partícipe de semejante milagro tan asombroso. Debió sentirse increíblemente pequeño porque creía que las cosas buenas les sucedían a las personas buenas, y sabía que *él no era bueno*. Abrumado por la condenación, Pedro decidió parar su hipocresía pidiéndole a Jesús que se apartara de él. ¿Por qué? Porque sabía que su estilo de vida no le permitía tal milagro ni tan grande bendición. Ese día Pedro creyó que Jesús era Dios y aceptó las buenas nuevas del perdón.

El amor que Jesús nos da no depende ni de nuestro estilo de vida ni de nuestras buenas obras. Se basa en su amor incondicional por la humanidad. Ahí fue donde Pedro comenzó a entender el inmenso amor de Dios por todas las personas. Pedro vio cuánto lo amó Jesús aunque fuera pecador (lo negó tres veces). Jesús aprovechó esa oportunidad para desarrollar en Pedro el amor verdadero y para convertirlo en un gran pescador que alcanzara a muchos pecadores. Eso era lo que estaba destinado a ser. Las Escrituras dicen *"viendo esto Simón Pedro..."* no sólo se impresionó con la pesca milagrosa sino "con el amor de Cristo por los pecadores." Así es el inmerecido amor de Dios por todos nosotros.

Necesitamos una perspectiva fresca

Leamos un pasaje que nos revela nuestra necesidad de comprender la inmensidad del amor de Dios.

COMPRENDER QUE DIOS AMA A LOS PECADORES

"Para que habite Cristo por la fe en vuestros corazones, a fin de que, arraigados y cimentados en amor, seáis plenamente capaces de comprender con todos los santos cuál sea la anchura, la longitud, la profundidad y la altura, y de conocer el amor de Cristo, que excede a todo conocimiento, para que seáis llenos de toda la plenitud de Dios." (Efesios 3:17-19, RV, 1960)

Pedro estaba comenzando a entender el alcance del amor de Dios cuando de pronto "lo experimentó" en su propia vida. Con el propósito de conocer el alcance del amor de Dios debemos ver primero la culpa de nuestro propio pecado como lo hizo Pedro. Ese día comprendió que era pecador, lo cual le permitió entender los méritos del perdón de Dios. Este entendimiento fue esencial para su decisión de ir a "pescar" a otros pecadores. Asimismo debemos pedirle a Dios que nos revele el amor de Dios por los pecadores. Esta será la mejor experiencia para relacionarnos personalmente con Él.

Si tratamos de alcanzar a los jóvenes de esta generación sin conocer de cerca el amor de Dios por ellos, eso nos llevará a un estilo de vida sin compasión, y por ende, los pecadores concluirán que no merecen el amor incondicional de Dios. El amor de Dios no tiene barreras; es capaz de limpiar hasta los pecados más despreciables.

Un momento para orar

Señor:

"Te agradezco por perdonarme mis horribles pecados. Tu amor por mí te llevó a la Cruz para pagar por mis pecados. Te pido que ese mismo amor quebrante mi corazón frente a las demás personas. Quiero conocer la compasión y el amor que sientes por ellos. Ayúdame a verlos con tus ojos para que me pueda amar más allá de mis capacidades.

Dios:

Que tu amor llene mi corazón y me permitas conocer cuán ancho, largo, profundo y alto es tu amor que sobrepasa todo entendimiento. Lléname con tu plenitud. Gracias, Señor.

12 EL DESAFÍO de ser valientes frente al temor

Rosario Hernández Murat, oriunda de Valencia, España, soñó toda su vida con tener un barco velero. Cuando ya era mayor de edad y podía trabajar ahorró durante veinte años hasta que finalmente tuvo lo suficiente como para hacer realidad su sueño. Llegó el gran día y también su hermoso barco. De inmediato lo cimentó en el patio trasero de su casa. Muchos amigos y vecinos estaban confundidos y le preguntaron por qué había hecho tal cosa. Ella simplemente respondió: *Porque le tengo mucho miedo al agua*. (Original en: inglés de: Tan, Encyclopedia of 7,700 Illustrations, 1979)

El miedo puede llevarte a hacer cosas muy tontas. ¿Te puedes imaginar que ahorraras durante 12 años para comprar un barco velero y luego ponerlo en tu patio trasero para no usarlo jamás? Desafortunadamente muchos de nosotros hacemos lo mismo con el Evangelio, y en lugar de salvar a los pecadores decidimos no salir al mar sino guardarlo en el patio trasero de nuestra comunidad cristiana. Así como un barco velero es para usarlo en el agua, así también el Evangelio es para usarlo con los pecadores. Cuando entendemos el amor de Dios por los pecadores, lo único que nos retendrá de compartirlo será el miedo.

Enfrenta el miedo

El miedo es quizá el enemigo más grande de los que ganamos almas para Cristo. Para vencerlo debemos enfrentarlo. A veces creemos que con proezas estrafalarias podremos vencer nuestros miedos. ¡Eso no funciona! Sólo podremos vencer el miedo cuando tomemos una decisión centrada en Dios para caminar con valentía. Eleonor Roosevelt dijo una vez:

> Tú lograrás tener fortaleza, valentía y confianza con cualquier experiencia en la que de verdad te detengas a mirar al miedo a los ojos. Háblate a ti mismo así: He estado viviendo con este miedo, entonces podré vencer lo que venga. Debes hacer lo que creas que no puedes hacer. (Original en: inglés, de Maxwell, John, The 21 Indispensable Qualities of a Leader, 1999)

Tenemos que enfrentar el miedo con la misma fe de todos los días. Una joven de G.C. llamada Bethany decidió tomar este reto, y a continuación nos cuenta lo que experimentó:

Comencé la preparatoria con la gran esperanza de ganar a mis compañeros para Jesús. Me acababa de graduar del octavo grado ya que en los Estados Unidos generalmente la preparatoria comienza en el noveno grado. En esa clase éramos 30 alumnos y sólo tenía tres amigos. Aún así, Dios me dijo que hiciera una reunión evangelística en el estadio de fútbol americano de la escuela. Le creí a Dios y comencé a hacer amigos rápidamente. Sin embargo, tenía muchísimo miedo al pensar que iba a compartir mi fe en frente de mis compañeros. Entonces le dije a Dios que prefería orar por mis amigos y que los invitaría a la iglesia. Pensé que no iba a poder predicarles el Evangelio.

Algunas personas de la iglesia comenzaron a orar por mí para que tuviera valentía, y lo hacían cada vez que me acercaba al altar para pedir oración. Intenté rodearme de amigos valientes para aparecer sonriente y hacerme más fuerte; pero sólo me estaba engañando a mí misma pretendiendo hacer la labor de un evangelista. Ese año, en una conferencia de Generation Church, el pastor Judah predicó sobre cómo vencer el miedo.

Me puse a llorar pensando en la gente de la escuela que no conocía a Dios y corrí al altar rogándole a Dios que me librara del miedo de testificar delante de mis compañeros. Pronto entendí que Dios me había liberado, que su perfecto amor había echado fuera el temor que me había estado reteniendo. (Lee I Juan 4:18) Esa semana me acerqué a uno de los miembros de mi grupo de estudio bíblico sabiendo que si no le hablaba de una vez, tal vez nunca lo haría. 'Creo que Dios quiere que yo hable en la reunión', —le dije aterrada por las palabras que habían salido de mi boca. Mi compañero me dijo que lo hiciera, y entonces comencé a prepararme.

Nunca olvidaré cómo me sentí frente a 500 compañeros y a las directivas de la escuela. Ese día no pensé en mis inseguridades porque oré y sabía que Dios hablaría a través de mí. Me acerqué a la tarima y compartí el testimonio de la manera como Jesús me había buscado cuando nadie quería ser mi amigo y cómo me había mantenido cerca de Él cuando mis padres se habían divorciado.

Nunca había sentido esa presencia tan tangible de Dios como la sentí cuando tomé el micrófono. Ese mismo día, casi treinta amigos míos aceptaron a Jesucristo como su Salvador, y sentí gran gozo por haber sacrificado mi zona de comodidad por el amor hacia los estudiantes. No hay nada tan emocionante como ver a tus amigos acercarse para recibir a Dios.

Pesca a **todo** hombre, mujer y niño

En Lucas 5:10, Jesús les manda a sus discípulos que no teman. Le dice a Pedro: *No temas; desde ahora serás pescador de hombres.* (RV, 1960). Jesús deja muy en claro que no debemos permitir que el miedo nos retenga. Aquí Jesús nos da dos pasos para vencer el miedo, pero antes de profundizar en eso necesitamos entender cómo son los pescadores. Aunque Jesús les hubiera dado tan increíble don, Pedro y los demás discípulos seguían temiendo. El beneficio de esa pesca tan enorme ya era arrollador por sí solo. Estoy seguro de que ellos se preguntaban cómo podían pagarle a Jesús semejante regalo, Esto requería que vivieran y obraran de un modo que les resultaba imposible. Los discípulos estaban llenos de temor porque sabían que estaban llenos de pecado. El temor hace que uno se centre en sí mismo, y por eso pensaban que la única manera de vivir para lograr merecer ese regalo era trabajar más y más duro.

Sin embargo, Jesús quiere que descartemos ese sentimiento de temor. Por eso le sugirió a Pedro que dejara de pensar como pensaba. Todo cambió para los discípulos desde ese momento pues comenzaron a pensar correctamente y a obrar como Dios quería que lo hicieran. De forma similar necesitamos renovar nuestra mente y dejar que Dios elimine nuestros miedos. Después les dijo Jesús que serían pescadores de hombres asegurándoles que así como pescaban peces, pescarían personas. Todo lo que hicieron ese maravilloso día fue obedecer las órdenes de Jesús. Jesús ajustó su entendimiento hasta llevarlos al punto de una dependencia total de Él. Ahí es donde termina el miedo. Eso es lo que Bethany experimentó al obedecer a Dios y predicar en la reunión de la escuela.

Hace poco me topé con esta breve sinopsis de la vida de un misionero radical llamado David Brainerd, la cual nos ilustra cómo podemos vivir con valentía cuando confiamos totalmente en Dios.

"*Cuando David Brainerd, uno de nuestros más célebres misioneros, estaba trabajando entre los indígenas pobres a las orillas de Delaware, dijo cierta vez: A mí no me importa dónde vivo* ni las adversidades que puedan venir cuando se trata de ganar almas para Cristo. Cuando duermo sueño cosas miedosas, pero apenas me levanto pienso en lo grandioso que es este trabajo misionero. La conversión de los pecadores es todo lo que quiero, y toda mi esperanza está en Dios. (Original en: inglés de: (Original en: inglés de: Tan, Encyclopedia of 7,700 Illustrations, 1979)

Encontramos la valentía cuando nos soltamos en las manos de Cristo. Así como David Brainerd fue lo suficientemente valiente como para dar su vida por los indígenas, también nosotros podemos vivir una vida de valentía cuando nos apoyemos totalmente en Cristo. Hacer las cosas a la manera de Dios significa llevar su nombre y reputación; entonces Él se encarga de nosotros y vivimos en su gracia.

¿Alguna vez tuviste en la escuela un amigo físicamente grande? Sólo el estar con él te hacía sentir más fuerte y no te importaba quién te molestara porque tu amigo te defendía. Cuando empezamos a confiar en Dios, no importa quién esté cerca ni cuán dura sea la circunstancia, no sentiremos miedo.

Jesús quería que sus discípulos entendieran que les iba a dar poder para pescar almas, de la misma manera que los había ayudado para pescar tantos peces aquella noche. Por tal razón, no había nada que temer. Si somos obedientes y confiamos en que hay una pesca milagrosa esperándonos, nunca volveremos a temer. El amor aleja el temor.

Empuja con fuerza para llegar **más allá** de tus miedos

La valentía llega cuando el miedo dice sus últimas palabras. (Traducido del original en: inglés, de: Maxwell, 1999) La verdadera valentía es la habilidad para llegar más allá de nuestros miedos. Ésta sólo se encuentra en Dios. El grado de valentía que queramos alcanzar está directamente proporcional al grado de confianza y de fe en Dios. Si seguimos confiando en nosotros mismos el miedo seguirá siendo un factor presente en nuestras vidas; pero si encontramos nuestra valentía en Dios podremos llegar más allá de las acciones superficiales y momentáneas hasta vivir una vida en la que el miedo sea remplazado por el amor.

Citamos aquí algunas palabras de Eleanor Roosevelt: *Debes hacer las cosas que creas que no puedes lograr.* (Traducido del original en: Maxwell, 1999) Para mí no hay una mejor definición de valentía; en otras palabras, la valentía es una característica que nos empuja mucho más allá de nuestros temores. Es una cualidad excepcional que hace que el individuo más pequeño, frágil y tímido, pueda reescribir su historia.

Un momento para orar

Señor:

> Te agradezco porque tu perfecto amor echa fuera el temor. Este amor me impulsa a hacer lo que normalmente tendría miedo de hacer. Te pido que quites de mí el orgullo y me ayudes a tomar decisiones de valentía para alcanzar a los demás. No me has dado un espíritu de cobardía sino de poder, amor y dominio propio. (Lee II Timoteo 1:7)

Dios:

Te pido que actives mi fe dándome valor para que camine contigo y así puedas mostrar el poder de tu Espíritu. Te pido que hagas que ame a los demás sin temor a que me rechacen. Confío en ti y te pido que me des la mente de Cristo y la fuerza en cada oportunidad. Creo en ti y en tu capacidad de llevarme más allá de lo que quiero y hacer aquello para lo cual me has destinado.

13 EL DESAFÍO de comprometerse aun en medio de una generación conformista

Antes de que Pedro y los demás discípulos tuvieran ese encuentro milagroso con Jesús, sólo eran sus seguidores de medio tiempo. Escuchaban sus enseñanzas y participaban de sus milagros pero aún no tenían todo lo que necesitaban para responder al llamado de pescar personas. No estaban enteramente comprometidos con Jesús.

El verdadero compromiso no sólo se refiere a oír, enseñar o leer un libro y estar de acuerdo con lo que dice. Tampoco significa intentarlo por un ratico para ver si funciona. Ni se trata de inspirarse con una buena historia para hacer algo y después detenerse apenas mengüe la emoción. En la siguiente historia, William Stuart nos muestra cómo es un verdadero compromiso.

"*Thomas S. Stuart se hizo daño en un ojo con un cuchillo. Un especialista decidió sacarle ese* ojo para salvarle el otro. Cuando acabó la operación y Thomas se recuperó de los efectos de la anestesia descubrió que se habían equivocado de ojo y le habían quitado el ojo bueno, dejándolo completamente ciego.

A pesar de la tragedia, Thomas decidió continuar sus estudios de leyes en la universidad 'McGill University' en Montreal, Canadá. Logró hacerlo con la ayuda de su hermano William Stewart quien le leía, y lo acompañó a lo largo de las diferentes etapas de su vida universitaria. Thomas fue el primero de su carrera, y su hermano William el segundo. William prácticamente hizo de vidente para su hermano invidente. (Traducido del original en: inglés, de: Tan, 1979)

Dejando **atrás** algunas cosas

Imagínate a un hombre que haya escuchado el mensaje de alcanzar a los infieles y esté siguiendo el ejemplo de compasión de Cristo. Imagínate que estés esperando la oportunidad de entregarle a alguien una tarjeta para invitarlo a la iglesia, y que finalmente encuentras la persona perfecta.

En ese momento te levantas con valentía... ¡pero espera!... el hombre tiene un balón de básquetbol en una mano y la de su novia en la otra. En el hombro lleva una bolsa del almacén donde hizo compras. Del otro hombro cuelga una chaqueta. Lleva una bolsa tipo canguro alrededor de su cadera, pantalones camuflados llenos de comida en los bolsillos y un celular sujetado a su cinturón. ¿Cómo podrá recibirte la tarjeta de invitación?

Sin embargo, caminas hacia ese hombre sin pensar en todo lo que está cargando y le preguntas amablemente: Disculpa, ¿te gustaría ir a la iglesia conmigo? Nuestra iglesia es maravillosa. Si vas, tu vida será libre; ¡podrás ser libre como yo! Por favor, saca la invitación que llevo en bolsillo trasero.

Si alguien te invitara de esa forma, ¿irías? Aunque no siempre luzcamos tan distraídos por fuera, este ejemplo podría estar sucediéndonos por dentro. De alguna manera tratamos de seguir a Cristo sin renunciar a lo que nos pide que renunciemos.

"Renunciar" significa "privarse o desistir de algo o de alguien." (RAE, 2014) Es tiempo de renunciar a algunas cosas. Y no sólo necesitamos renunciar al pecado para comprometernos con la causa de Cristo, sino que también debemos renunciar a cosas buenas. El apóstol Pedro tuvo que dejar atrás la pesca en el lago, y los eruditos dicen que desde ese día comenzó a pescar con éxito en dondequiera que lo hiciera. De esta manera lo dejó todo para seguir a Cristo y pescar personas. ¿Estarías tú dispuesto a renunciar a todo para obedecerle a Cristo?

Siguiendo a los representantes de Cristo

El segundo paso para un compromiso genuino es el de seguir a alguien. Lucas 5:11 dice que los discípulos *"dejándolo todo, le siguieron."* (RV, 1960) ¿Qué significa seguir a Cristo? Mirándolo sencillamente significa caminar detrás de la persona de Jesús. Esto parece fácil, excepto porque Jesucristo no está físicamente caminando frente a ti todos los días. Entonces, ¿cómo lo sigues? De hecho, es muy fácil hacerlo porque puedes seguir a los que representan a Jesús y a los necesitados que Él ha puesto en la tierra. Quizá sean tus padres, amigos, profesores, autoridades civiles u otras personas presentes en tu vida. Tú puedes seguir a Jesús obedeciendo a las autoridades, predicando la Biblia y oyendo la voz del Espíritu Santo.

Comprometerse por la causa de Cristo

Jesús dijo en Mateo 16:24: *Si alguno quiere venir en pos de mí, niéguese a sí mismo, y tome su cruz, y sígame.* (RV, 1960). Nuestro deseo por seguir a Jesús nos llevará a negar nuestros deseos. Nuestro compromiso debe ser así de sencillo. Jesús afirma con claridad que si queremos seguirle debemos estar dispuestos a entregarle "todo" a Él. Nuestro compromiso con Cristo debe ordenar cada área de nuestra vida como lo que más queremos, lo que pensamos, la manera como usamos nuestro dinero, nuestro tiempo libre, y la gente con la que compartimos. Mientras lees esta lista pregúntate si en todas estas áreas reflejas tu compromiso con Cristo.

"Cuando tenía 15 años le volví a dedicar mi vida a Cristo. Dios me tocó radicalmente y me cambió. Mi mamá y yo vivíamos en un apartamento de dos habitaciones en el norte de Seattle, Washington, en un suburbio llamado 'Mountlake Terrace'. Mis dos hermanas ya se habían mudado fuera de casa; vivían solas las dos, incluso desde antes de graduarse de la secundaria. Sólo estábamos mi mamá y yo.

No voy a decir que las cosas siempre fueron fáciles ni que mi mamá y yo siempre estuviéramos de acuerdo en todo. Yo decidí seguir a Jesús pero mi mamá no. Ella había estado en la iglesia años antes, pero por causa de algunos percances por parte suya y de la iglesia dejó de congregarse. Así que cuando comencé a ir a la iglesia, al grupo de jóvenes y a otros eventos de la misma, esto hizo que las cosas se volvieran difíciles entre las dos. Cada vez que salía a alguna cosa de la iglesia o algo concerniente a Dios, mi mamá siempre se ponía negativa y gritaba o decía malas palabras. Eso fue duro para mí; me sentía sola y quería irme de la casa como mis hermanas. No obstante, había algo que no me dejaba ir, y era que yo quería que mi mamá se arreglara con el Señor y yo quería ayudarla a hacerlo. Entonces, cada vez que quería irme pensaba en mi mamá. Pero no fue nada fácil. Tuve que renunciar a todas mis actitudes egoístas y a toda rebeldía en mi corazón; debía aferrarme a Dios. Hacía oraciones llenas de lágrimas y angustia por mi mamá con mucha frecuencia. No había nada más que hacer, ni adónde más ir; quería que mi mamá viviera para Dios.

Después de terminar la secundaria me quedé en Seattle para asistir a la universidad 'Northwest Bible College. Casi siempre visitaba a mi mamá, algunas veces para cenar y otras para ver una película, o sólo pasaba para saludarla. También la sacaba a un restaurante en las noches y le compraba flores. Quería mostrarle el amor de Dios y no sólo hablarle de él. En algunos momentos oportunos le decía cosas sencillas sobre el amor de Dios o sobre algo que estuviera estudiando en la universidad. A ella le gustaba ayudarme a estudiar pero aún seguía distante en cuanto a la iglesia, por eso yo seguía mostrándole el amor de Dios. A lo largo del proceso la seguía invitando a la iglesia pero siempre se rehusaba. Una noche vio mi iglesia por televisión y me dijo que sin buscarla la vio y le gustó. ¿Qué? ¡Mi mamá vio mi iglesia y le gustó! Este era un milagro de Dios. La misma persona que odiaba la iglesia, ahora de alguna manera le había gustado. Para mí, éste fue un milagro, pero el milagro más grande sucedió poco después.

Mi mamá asistió con gozo a la iglesia, al culto de la Pascua en City Church en el año 2002. Ese domingo levantó la mano para pedir oración y pasó al altar en frente de miles de personas y le volvió a dedicar su vida a Dios. Ese domingo vi la respuesta a todas mis oraciones. Mientras viajaba en la parte de atrás del carro mi mamá mencionó que su nueva dedicación a Dios iba a tomar tiempo, lo cual no me desilusionó porque por cinco años había estado orando y ayunando por ella. Yo siempre había deseado que ella fuera para Dios. Después de cinco años vi los frutos de mi compromiso."

Lo que necesitamos hoy es el resurgimiento de un verdadero compromiso. Vemos suficientes individuos centrados en ellos mismos y tratando de cumplir sus propios deseos. Estos tiempos demandan nuevos líderes, una nueva estirpe de jóvenes que vivan por una causa más allá de pensar en ellos mismos. Si vamos a abrirle paso a los grandes propósitos de Dios con compromiso y sin importar nuestra edad, debemos subir el estándar y comprometernos totalmente con Cristo. Creo que podemos alcanzar al mundo en nuestra generación. Creo en que las historias, los pasajes bíblicos y los conceptos de este libro te han inspirado a tener un nuevo nivel de fe y esperanza en Dios por las personas con las que vives y con las que caminas en el trabajo diario. Si pones en práctica la Palabra de Dios verás la gran cosecha que deseas. Si lees este libro, mi oración por ti es que encuentres un gran gozo y grandes frutos al compartir las buenas nuevas de Dios con todas las personas.

Un momento para orar

Padre:

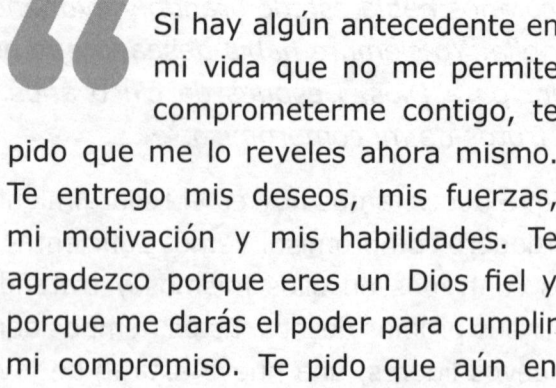

Si hay algún antecedente en mi vida que no me permite comprometerme contigo, te pido que me lo reveles ahora mismo. Te entrego mis deseos, mis fuerzas, mi motivación y mis habilidades. Te agradezco porque eres un Dios fiel y porque me darás el poder para cumplir mi compromiso. Te pido que aún en medio de esta generación tan conformista yo pueda brillar como un reflejo de nuestro compromiso. Te pido que cuando la gente vea mi dedicación a amor a ti, y a ellos, sepan que tú eres el Dios al que quieren conocer.

BIBLIOGRAFÍA

IGLESIA BÍBLICA DEL VALLE DE: La voz del Valle. Disponible en internet: www.ebenezer.es, 2013

MADRE TERESA DE CALCUTA: Mi Legado, pág. 96: Editorial Lectorum, S.A de C.V., 2005

NUEVA VERSIÓN INTERNACIONAL, disponible en internet: www.biblegetaway.com

McKIBBENS, Thomas Jr.: The Forgotten Heritage, pág. 58: Mercer University Press, Macon, Georgia, EEUU, 1986

PARROQUIA DE SAN JUAN BAUTISTA: Pascua de enfermos, pág. 8, disponible en internet: www.dsanjuan.org, 2013

CHO, David Yonggi: How Churches Grow, sermón en "The City Church", Kirkland, WA, EEUU, 2002

TAN, Paul Lee: Encyclopedia of 7,700 Illustrations, Rockville, MD: Assurance Publishers, EEUU, 1979

MAXWELL, John C: The Indispensable Qualities of a Leader, pág. 42. Nashville, TN: Thomas Nelson Publishers, EEUU, 1999